精神障害のある人の就労定着支援

当事者の希望からうまれた技法

天野 聖子 著

多摩棕櫚亭協会 編著

中央法規

プロローグ
〜精神医療そして福祉45年

　そもそも私に語る資格があるだろうか。何の苦労もなく大学を卒業し、お金にも生い立ちにも特別なつらさを背負ったことのない22歳だった。

　「ケースワーカーって何？　何しにきたん？」と初めて就職した京都の精神病院の看護婦詰め所で言われた。その1年後、同じことを同じ人に言われた。

「辞めるんやって？　何しにきたん、あんたは？」

　しかし、その口調には明らかに失望の色があった。この収容所のような病院に違う風を運んでくれるかもと期待していたのは、職員も同じだったのかもしれない。患者の外出や買い物を提案、実行し、花壇づくりと称して毎朝患者を外に出す、退院のためなら何でもしようとあらゆる試みを続け、音沙汰のない家族に連絡し、説得し、面会を促してきた。

　結果はうまくいかないことのほうが多かったが、これらの試みは悪いことではない。もしかしたら、ここでずっと頑張ってくれたら、微動だにしないこの体制も少しは変わるかもしれない。同調して動き始めた職員も出てきたときだ。

　「それなのに辞めちゃうのか？　期待させておいて、何にも変わらなかったじゃないか」、そんな声が聞こえる。

　最後の朝、それでも患者さんたちはやさしかった。顔面のチックと過度の飲酒、不眠でさらにやせこけた頬、うつろになってきた目つきの私が病棟に入ると、「きいつけや、ありがとうな」「わすれへんで」、そんな声があちらこちらからあがった。部屋の奥でうずくまっていた人も立ち上がって、ゆっくりと私の前に立った。「さびしくなるな。元気でな。俺は一生ここやけど、忘れんで」。頭も身体もくらくらした。

　もうこれ以上もたないという心身のSOSに応えて退職を決めたのはたぶん、私の生存本能だ。それは本当に正しかったんだろうか。たった

1年だ。これ以上ないくらいの悲惨な現実を見たという以外に何をしたのだろう。数年頑張って実力も地位も持てば、もっと何かできたかもしれない。でも、やり続けたい、やらなければという気持ちとは裏腹に、身体は悲鳴をあげていたし、心は傷だらけだった。

　今なら考えられる。少し休んで心身の回復を待ってから再開したってよかったのだ。味方の数を集め、組織化を図れば一介のワーカーにもできることはある。実際、院長も必死になって私の退職を止めてくれた。でも、私は文字通り逃げたかった、脱出したかったのだ。彼らは逃げられないのに……。

　涙が出そうになったから急いで病棟を出て、そのまま一階の事務所に行く。退職の手続きはすでに終わっていた。正面に座っていた理事長と目が合った。にやりとしていた。いったい何人がこうして辞めていったのだろう。そもそも昭和30年代の精神病院設立ブームにのって経営してきた一族だ。地方の長者番付で精神病院経営者が軒並み1位だった時代、彼らはもともと患者の処遇には関心もなく、どう儲けるかしか頭になかった。いくら患者が犠牲になっても、暴力暴言に取り巻かれた悲惨な状況におかれても知ったことではない。ここでもそれはうまくいっている、経営状態は良好なのだ、だからこの体制への異議申し立ては許さない。そんな顔をしていた。

　私は悔しさでいっぱいだ。前夜の深酒もあって体がぶるぶる震えてきた。「さよなら、きいつけてなー」という声に、外に出て見上げると大勢の患者が二階の鉄格子の窓に鈴なりになって手を振っている。

　さようならーと大声で叫んでいる人や寂しげに手を振っている人たち、ああ、私はこの人たちをこんなところに置き去りにしている。そしてあっさりと都会の生活に逃げ込もうとしているんだ。何の正義感だ、

何もできなかったのに、みんなはこんなにやさしいのに。涙で何も見え
なくなったが、私は思い切り手を振った。
　「さようならー、いつかきっと」と言いかけて、私は言葉を飲み込む。
いつかきっと……帰ってくる？　帰れる？　ここに？　それはわからない。
　でも、この光景は忘れない、決して。そして、いつかきっと……。そ
う胸に刻みながら、私は病院をあとにした。

　それから45年──。3か所の精神科病院で働いたあとに共同作業所
を設立し、その後は社会福祉法人として精神障害者の生活支援・就労支
援に取り組んできた。そして、リタイアの日を迎えた。
「この場をつくってくれてありがとうございます。ここで生きることが
できました」
「本当に感謝しています。病気があってもいろいろできる、今は幸せです」
　職員も利用者もOBも、口々に言ってくれる。精神障害者が安心して
通える場所をつくってきたこと、彼らの就職実現に力を入れたこと、再
発を防ぎながら自己表現していく人たちをたくさん世に送り出したこと
など、ゼロからの作業所をここまでにしてきた自負はたしかにある。感
謝の言葉を数えきれないほどもらって、私の胸は温かさで満たされて
いる。
　一方で、「いつかきっと……」の答えにはなっていないのかもしれない。
未完の物語の束が転がっている気がして、落ち着かないこともある。そ
して、実際にまだ変わらない状況で呻吟している人たちもいることを思
うと、あの頃見たことを語り継ぐことが必要だと思うようになった。さ
まざまな出来事が記憶の底に沈まないうちに、それを次世代の現在の仕
事につなげることが私の役割かもしれない。

そんな思いで本書の執筆にとりかかった。今、社会で働く精神障害当事者たちの晴れやかな様子は、私たち「棕櫚亭」の最上の喜びだ。それを実現するための活動は、20年前に始めた就労支援を源流としている。第1部は「システムとしての就労支援」として、試行錯誤の歩みとともにつくり上げた技術と心を、現スタッフが本音も織り交ぜながら解説している。続く第2部では、「経験から蓄える」として、そうした棕櫚亭の在り方を形づくることになった精神医療の歴史と地域の共同作業所に至る道を、私個人の体験として振り返った。最後に、第3部「強い組織をつくる」では、2部で紹介した数々の体験が結果として強い礎となった組織づくりの押さえどころを僭越ながらまとめた。

　AIやバイオなどのテクノロジーが驚異的ともいえる進化を遂げるなか、もしかしたら、統合失調症の治療も大変革を遂げて、悲惨な精神病院の話は前世紀の遺物になるのかもしれない。いつの時も肝心なのは、大きな流れを制御し、より良きものに変えていく実践者の知恵と意志である。こういう時代だからこそ、私たちの活動を記憶し、胸に刻んでほしいと切に願う。

2019年4月

多摩棕櫚亭協会アドバイザー　天野聖子

目次

プロローグ～精神医療そして福祉45年
「棕櫚亭」について ································· 8

第1部 システムとしての就労支援

第1節 就労のための準備訓練 ················· 15

1 就労準備段階の考え方 ················· 16
2 就労準備訓練の仕組み ················· 22
3 就労トレーニング ················· 26
4 就労プログラム ················· 33
5 個別相談 ················· 40
6 チェックリスト ················· 44
7 生活訓練（自立訓練事業） ················· 52
8 個別ニーズへの対応①発達障害への支援 ················· 59
9 個別ニーズへの対応②家族への支援 ················· 70

第2節 就職支援と定着支援 ················· 77

1 就職支援の考え方 ················· 78
2 就職支援の進め方①事前相談 ················· 81
3 就職支援の進め方②アセスメント ················· 85
4 就職支援の進め方③求職活動 ················· 94
5 就職支援の進め方④採用決定 ················· 102
6 就労定着支援の考え方 ················· 110
7 定着相談 ················· 115
8 職場訪問 ················· 120
9 セルフコントロール ················· 126
10 危機介入 ················· 130
11 当事者（本人）の力 ················· 134

第 2 部 経験から蓄える
～理念と活動を形づくったもの

第 1 節 精神病院放浪時代 ……………………………………… 142

1 実習生 1970 20 歳 ………………………………… 142
2 就職元年 1972 23 歳 ……………………………… 151
3 復活への充電 1973-1976 24 〜 27 歳 …………… 164
4 病棟開放化運動 1976-1981 27 〜 32 歳 ………… 167

第 2 節 地域生活改革時代 …………………………………… 174

1 最後の病院 1982-1986 33 〜 37 歳 ……………… 174
2 共同作業所の設立 1986-1989 37 〜 40 歳 ……… 179
3 可能性を求めて 1990-1996 41 〜 47 歳 ………… 186

第 3 節 就労・生活支援開拓時代 …………………………… 191

1 新たな胎動 1996-1997 47 〜 48 歳 ……………… 191
2 就労支援へ 1998-2000 49 〜 51 歳 ……………… 195

第3部 強い組織をつくる

第1節 組織づくり事始め
草創期〜余念なく土台をつくる ····· 204
1. セクショナリズムの排除 ····· 206
2. 職員育ては基本の「き」から ····· 209
3. お金のことは手抜きしない ····· 212

第2節 選ばれる組織へ
ステップアップ〜組織が形態を変えるとき ····· 217
1. 組織が形態を変えるとき ····· 218
2. 組織の前進を促すもの ····· 220
3. 逆境を乗り越える ····· 225

第3節 人材育成革命
次世代育成〜職員が未来をつくる ····· 229
1. 外部研修 ····· 230
2. プレゼンテーション ····· 231
3. 組織内研修①外部講師 ····· 233
4. 組織内研修②天野ゼミ ····· 233
5. 研修後フィードバック ····· 236
6. 人事考課システム ····· 237
7. 創設者の覚悟と責任 ····· 238

エピローグ〜まとめにかえて

著者紹介

「棕櫚亭」について

　棕櫚亭（しゅろってい）は1987年、四人の有志が集まり「多摩の精神医療を変えたい！」という熱い思いのもとに始まりました。活動拠点を東京の国立市に決めたのは、この地が多摩地域の入り口に位置するためです。

　都内の精神科病床の多くは、東京・多摩西部の青梅、八王子に偏在し、都市部からの入院者を多く受け入れてきた歴史があります。それは、長期在院者を生み出す構造にもつながり、現在も東京都の精神保健福祉の大きな課題であり続けています。

　そこに果敢にも切り込んでいったのが私たちの創設者です。「明るく、元気に、美しく」をモットーに、棕櫚の木が生い茂る古い一軒家を「棕櫚亭Ｉ」と名づけ、共同作業所を立ち上げました。そこにはおいしい食事、温かい仲間、そして楽しい時間がありました。通う方々も入院生活で奪われた時間を取り戻すかのように、どんどん元気になっていったといわれています。当事者たちを「メンバー」と呼び、「支援者・利用者」の関係を越えたパートナーとして大切にしているのも、開所当時からのことです。この「作業所」という機能は、当時メンバーの大半を占めた統合失調症の方々の再発防止に絶大な効果があり、棕櫚亭Ｉを幕開けとして、棕櫚亭Ⅱ・Ⅲと三つの作業所を開所しました。

　そして、活動開始から10年が経った1997年には、当事者の「働きたい！」という切実な思いに応えるため、就労支援に特化した「社会就労センター ピアス」（通所授産施設）を開所し、さらに2006年には、「障害者就業・生活支援センター オープナー」を開所し、精神障害者の就労定着支援にもいち早く取り組みました。

　作業所時代から大切にしている生活支援についても、「なびぃ」と「棕櫚亭Ｉ」の二つの地域活動支援センターに引き継がれ、地域に根ざした活動を変わらず続けています。

　その時代時代の要請に応えながら、棕櫚亭はここまで走り続けてきました。その間、精神障害者を取り巻く状況は、病院に収容されるだけの時代から地域で安心して暮らせる時代へ移り、さらに働くことができる時代へと変化しました。棕櫚亭が国立の地に産声を上げた30年前から考えると、隔世の感があります。

　私たちの理念「精神障害者の幸せ実現」は、その間も変わらず大切にされてきました。その礎となっているのは、古い一軒家から始まり、メンバーと一緒につくり上げてきた歴史にほかなりません。新しい課題も生まれている精神保健福祉分野の活動に、私たち棕櫚亭の取り組みが参考になってくれたら幸いです。

多摩棕櫚亭協会理事長　小林由美子

棕櫚亭の歩み

共同作業所と事業発展	1986	作業所設立のための準備会発足
	1987	東京・国立市に共同作業所「棕櫚亭Ⅰ」開設
	1990	共同作業所「棕櫚亭Ⅱ」開設
	1991	運営協力会「外野手（そとのて）」誕生
	1992	事務局（本部機能）設置 共同作業所「棕櫚亭Ⅲ」開設
	1993	「レストラン・トゥリニテ」開店
	1996	「社会福祉法人多摩棕櫚亭協会」設立
	1997	「社会就労センター ピアス」（通所授産施設）開設
	1999	「地域生活支援センター なびぃ」開設
世代交代準備	2001	組織改革開始
	2002	棕櫚亭賛助会誕生
	2003	法人理念作成
	2004	世代交代開始（施設長交代）
自立支援法対応	2006	「就業・生活支援センター オープナー」開設 「なびぃ」相談支援事業、地域活動支援センターⅠ型へ移行
	2007	「ピアス」就労移行支援事業へ移行
	2008	「棕櫚亭Ⅲ」就労移行支援事業へ移行
	2009	「棕櫚亭Ⅰ」地域活動支援センターⅡ型へ移行
	2010	「棕櫚亭Ⅱ」事業廃止
世代交代完成に向けて	2012	「なびぃ」特定相談支援事業開始
	2014	「ピアス」自立訓練事業（生活訓練）開始 「なびぃ」一般相談支援事業開始 「トゥリニテ」閉店
	2015	ピアス分場「ピアスⅡ」開所 人材育成システムに着手
	2016	理事長交代
	2017	棕櫚亭30周年

第 1 部
システムとしての就労支援

「皆さんと出会って、一緒にトレーニングできてよかったです。ありがとうございました」

　就職した皆さんは、ホールで行われる朝のミーティングで必ず挨拶をして卒業します。取り巻くメンバーは、「自分も将来は……」と、温かくやさしい、希望に満ちた眼差しで、割れんばかりの拍手をして送り出します。ライバルとして競い合いながらお互いに励まし合い、支え合ってきた仲間を、喜び合って送り出す姿はいつ見ても感動的です。

　これまで就職に向かないとされてきた精神障害者への私たちの就労支援は、紆余曲折を経て現在に至っています。「棕櫚亭」に集まる人たちの社会で働きたい思いを叶えるべく、試行錯誤を続けてきました。やがて順調に就職者を送り出す一方で、働いても長続きしない人たちの定着支援も早い段階でその必要性に気づかされ、国事業の障害者就業・生活支援センターを受託し、よりよい支援を模索してきました。

　就労準備訓練と就労定着支援を結びつけて考え、現場での実践を重ねて気がつけば20年の歳月が経ちました。この間に施行・改正された障害者自立支援法と障害者雇用促進法は、精神障害者の就労支援に多大な影響をおよぼしました。働きたい人にとっては追い風になりながらも、就職者がたくさん出れば収入が増える仕組みは、社会全体の成果主義と相まって多様な事業者参入を生み、今そのあり方が問われています。

　第1部では、精神障害者に特化した就労支援で蓄積してきた棕櫚亭の支援ノウハウを紹介します。メンバーと職員の相互理解という時間のか

かる道のりを積み上げてこられたのは、「彼らの生活を『幸せ実現』につなげていく」という強い信念があったからだと思います。就職することだけがゴールではなく、その後も元気に働き続けることや、生活全体が豊かになって、人とつながる喜びがもてることを私たちは目指しています。

　残念ながらピアスを利用して就職できない方もいますが、そのような方も通い始めた頃より自信をもって別の道に歩んでいかれます。大事なことは、主役はあくまでも働きたいという思いを持ってそこに集ったメンバーたちであるということです。先輩が後輩に作業を教えたりサポートしたりなど「仲間同士の支え合い」が生まれると、それが後々大きな力を発揮してくれます。メンバー間の助け合いこそ精神障害からの回復であると感じている方も大勢います。

　就職した後の就労定着においても、それは同じです。「仲間同士の支え合い」が元気の糧になって、明日へのエネルギーに変えて働き続けることができるのです。そのことをお伝えしたいと思います。

多摩棕櫚亭協会　荒木浩、小林由美子、高橋しのぶ

第 **1** 節

就労のための
準備訓練

「働きたい」と願う精神障害の当事者たちは皆、一人
ひとり異なる背景や経緯をもっています。病状はもち
ろんのこと、働くことへの意識もさまざまです。就労
するためには、それら全体をとらえた「準備訓練」に
取り組む必要があります。その進め方をみていきます。

1 就労準備段階の考え方

就労移行支援事業所ピアス（以下、ピアス）の設立にあたり目指したのは、「精神障害者の就労支援のノウハウを構築する」ことでした。利用者とともに試行錯誤してきた20年間で、法律や社会状況は大きく変化しています。しかし、「働きたいを働けるに」にするために大事にしている考え方は、当初から変わっていません。具体的なシステムを紹介する前に、その土台としている考え方を紹介します。

1 職業準備性を高める

病気がもつ特有の疲れやすさや症状の揺れ、そしてストレスへの脆弱性に対応するため、ピアスでは働く技術そのものよりも、その土台となる「体づくり」や「病気のコントロール」、そして「対人関係に対応するコミュニケーションの力」を高めていくことを「職業準備性」と考え、大切にしています。利用者は体を使ったトレーニングを繰り返すことで体力がつき、年間を通じた病気（精神疾患）のコントロールを経験していきながら、実感をふまえた対処法を獲得していきます。

さらに、グループワークを繰り返し経験することで、苦手だったコミュニケーションへの抵抗感などが払拭されていくのです。

■ 支援の視点

1 スモールステップを設ける

　職業準備性に基づいた支援では、「スモールステップの視点」が必要になります。力は必ずつきますが、短期間では難しい上に、一度に複数のチャレンジは本人に大きな負荷となり、チャレンジそのものを中断せざるを得なくなることもあります。

　一度に1つのチャレンジを丁寧に積み重ねることで、本人も安心して取り組むことができ、確実に力と自信を身につけていきます。

　したがって、作業の量や質などの負荷は段階的に増やし、時にはステップをさらに細かく刻むことも必要です。

2 安心して失敗できる場づくり

　就職する前にたくさんの経験を積めるのが、就労移行支援事業所のよさだと思います。そのなかでも、「安心して失敗できる」場づくりが特に大切です。支援者は、ともすると失敗しないように先回りしてしまいがちですが、職場で苦労するのは本人です。丁寧な振り返りができる安全な場を用意することで、失敗をしても切り替えて次へ進む経験を積むことができます。それは就職してからのさまざまな負荷に対応できるたくましさとなって発揮されていくのだと思います。

3 オーダーメイド支援

　同じ病名がついていても、病気の揺れ方（病状）やその引き金となる要因は、利用者によって異なります。また、育ってきた環境や転機となった体験などもさまざまです。

　したがって、常に忘れてはならないのが百人百様のかかわりで、これをピアスでは「オーダーメイド支援」と呼んでいます。病気や障害の一

般的な特性にあてはめ、かかわりをパターン化しないよう意識することが大切です。常に「目の前のその人」とかかわる意識で、本人にとって進めやすい就労への道筋を一緒に検討していきます。

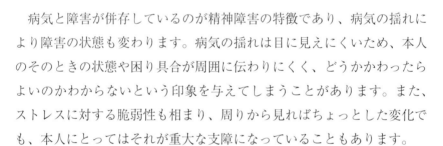

2 病気とうまくつき合う

　病気と障害が併存しているのが精神障害の特徴であり、病気の揺れにより障害の状態も変わります。病気の揺れは目に見えにくいため、本人のそのときの状態や困り具合が周囲に伝わりにくく、どうかかわったらよいのかわからないという印象を与えてしまうことがあります。また、ストレスに対する脆弱性も相まり、周りから見ればちょっとした変化でも、本人にとってはそれが重大な支障になっていることもあります。

　だからこそ、職業準備を行うことで多少のストレスでは揺れにくい力を身につけることは、本人にとって大きな自信と安心になります。病気の揺れを完全になくすことを目標にするのではなく、揺れにくくするということ、揺れたときの対処法を用意しておくことの2点です。一定期間、負荷を少しずつかけていきながら、さまざまな方法で揺れへの対処を試してみて、本人に合った方法を見つけていきます。

■ 医療機関との連携

　本人が病気とうまくつき合いながら働くことを目指す上で、医療機関との連携は欠かせないものです。就職準備を進めていくなかでは、職場を想定した「負荷」をあえてかけていく時期があります。このときは、負荷をかけるのに適当な時期であるかどうかを間違えないようにする必

要があります。本人の健康な面に着目することと、その人に病気がない
ものとしてかかわることは違います。やみくもに負荷をかけて、病気を
悪くさせてしまっては元も子もありません。

　そのため、何かを始めるとき、とりわけ施設内から外へのチャレンジ
を始めるときや就職活動へ入るときなどは、状態悪化時のサインなど支
援者が気をつけておくことについて、主治医と適時やり取りして確認し
ておくことが必要です。長く本人を診てこられた主治医や精神科のソー
シャルワーカーは、就労支援からかかわり始めた立場からは見えにくい、
症状が悪化したときの本人の様子やその引き金となる要因を知っている
ことがあります。こちらからは、診察室の中では見えづらい本人の取り
組みの様子や就労への思いなどを伝えられると、お互いが本人のチャレ
ンジを支えるよいチームとなっていきます。

3 それぞれのゴール

■ 本人の「働きたい」を応援する

　ピアスにはさまざまな方が利用見学に来られます。2年間という有限
の期間を考えると、どのような人に利用してもらうのがよいのか悩むこ
ともあります。

　しかし、いちばん大事なのは、本人の「働きたい」意思ではないかと
思います。なかには、周りから「通所したらどうか」「そろそろ働いて
ほしい」と言われ、働いていない負い目から来られる場合もありますが、
そのまま入所してしまうと途中で中断してしまったり、時には病状が以
前より悪くなってしまうおそれもあります。

なぜ、本人がここ（就労移行支援事業所）を利用したいと思っているかをよく確認し、適切な利用へつなげることが大切です。一方で、初めは動機が強くないように見えても、自信がついてくるうちに「働きたい」気持ちが強くなっていく場合もあります。変化していく本人の思いが言葉にできるよう、その経過に丁寧にかかわっていく姿勢が必要です。

■ 就職＝ゴールではない

　就労支援に取り組んでいると、頭では就職してからが本当のスタートだとわかっていても、つい目の前の就職がゴールのように思ってしまうことが本人・支援者双方にあります。

　しかし、ピアスで大切にしているのは、働くことが本人の幸せ実現につながるということです。

■ 生活全体の豊かさを目指す

　仕事が続けられても、仕事以外に何もする時間が取れなくなるほど疲れたり、働く前に楽しめていたことができなくなったりしては意味がありません。

　したがって、職業準備の段階では、仕事の内容や時間数だけにとらわれず、本人の望む、生活全体を見通した就労のイメージを本人と共有することが必要です。

■ さまざまなゴールがある

　働きたい思いを全力で支援するのが支援者の役割ですが、必ずしも全員が就職できるわけではないのが現実です。ピアスの就職率は、例年定員に対して約50％です。就労へ向けた負荷を重ねることで病状の波が大きくなり、生活に支障を来すような場合は、病気の安定を優先させる

こともあります。また、職業準備に取り組んでいく過程で、家族からの自立など人生の大きなテーマに取り組んでいく人もいます。

就職できたから成功、しなかったから失敗ということではなく、さまざまなゴールがあり、そのいずれにも価値があるというのが就労支援をしていく上で重要な理念と考えています。

たとえ就職でなくても、それはあくまでも2年間の結果であり、本人が十分努力した上でのゴールだということに敬意の姿勢をもつことが大切です。職業準備のなかで自分自身と向き合い、今自分にとって必要な答えを出していく、この過程そのものが本人の自己肯定感を回復し、人とのつながりを再構築していきます。そこに寄り添う役割が就労移行支援事業所にはあるのだと思います。

■ 最後まで寄り添う

本人が就職でない方向へ進むとなった場合、その気持ちに寄り添い、次の道へとつないでいくかかわりは、就労支援において最も重要です。本人が納得いくまで時間を重ね、希望をよく聞いて、本人が「ここなら」と思える場所に出会えるまで、一緒に探していきます。最終的にピアスを利用してよかったと思ってもらえることが大切だと思っています。

2 就労準備訓練の仕組み

　ピアスの就労支援システムは、開所から数年をかけて、利用期限の設定、進捗を測るチェックリスト（後述）の導入など、時には常識をくつがえすことにもチャレンジしながらつくってきました。

　これらの枠組みを支える就労準備訓練の要となっているのが、「就労支援の3本柱」と呼んでいる「トレーニング」「就労プログラム」「個別相談」です。

　この3本柱を中心とした、入所から卒業までの流れは、1996年に就業・生活支援センター　オープナーができてからさらに厚みのあるシステムとなり、就職者数・定着者数ともにより高くなっていきました。

　本項で、まず仕組みの全体像を紹介し、次項より1つずつ解説していきます。

1 就労支援の3本柱

　就労支援のシステムとして、柱にしているのが「就労トレーニング」「就労プログラム」「個別相談」の3つです。トレーニングでは体を使った作業を通して、働くことを身体で実感していきます。頭だけで考えるのではなく、体で感じたことを言語化することが気づきや自信回復につながることを、私たちは作業所活動のなかから実感してきました。また、トレーニングは体力や気力の回復にも役立ちます。これらの力がついて

くると、それは病気のコントロールにも波及していきます。一方、就労プログラムでは、トレーニングで積み重ねた働く上での自分の特性を整理し、講師から話を聴く、または自分たちが会社見学へ行くなど、さまざまな方法で働くイメージを深めていきます。また、グループワークによる仲間同士の学び合いは、単なる知識の習得ではなく、「働きたい」という動機を維持することに大きな役割を果たします。

さらに、就労までの道筋はそれぞれ違うことから、担当制による個別相談は大切な役割をもちます。ピアスにまつわることや生活のことはもちろん、大きな方向性を決めていくのも個別相談になるので、時には耳の痛いことも言い合える関係性が重要です。

この3本柱は、お互いに連動することで、より効果を発揮するシステムです。それには、どれかの要素だけが走りすぎないように意識して取り組むことが大切です（図1）。

この3つの機能をまんべんなく活用して就職した利用者は多く、毎年定員の約50%の方が就職しています（図2）。本人にはこの仕組みを納得して取り組んでもらえるよう、就労プログラムの「ピアスオリエンテーション」で必ず説明していますが、職員も同様です。新しい職員が入っても共有し続けていかないと、このシステムはあっという間に形骸化し

図1　就労支援の3本柱

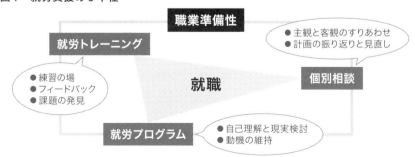

図2　ピアスの就職者数の推移

	2012 (H24)	2013 (H25)	2014 (H26)	2015 (H27)	2016 (H28)
就職者数	20人	15人	16人	18人	15人
定着率(6か月〜1年)	95%	95%	90%	94%	87%
定員	32人	32人	30人	30人	30人

てしまうおそれがあります。

2　準備訓練の流れ

　就労移行支援事業には「原則2年」という利用期限があります。限られた期間での就労準備となるため、かかわりの視点も時期によって変えていく必要があります。

　ピアスでは、最初の6か月間は担当職員との信頼関係の構築を中心に、チーム全体で本人にかかわることを大切にしています。各部門の職員がトレーニングでの振り返りを本人や担当と共有していくことで、本人の強みはより強くなり、自信がついていきます。また、周りとの人間関係を築く大切な時期でもあります。仲間との出会いや、相談することへの安心感を得ながら、節目となるチェックリスト面接へと進んでいきます。

　チェックリストとは、本人の就労準備の進捗を確認するためのツールです。それは裏を返せば、3本柱が本人に対して有効に機能しているかを、ピアス自体が点検する役割も持ち、本人の強みや次に取り組む目標を整理する大切なシステムの一つです。詳しくは「チェックリスト」の項で紹介します。6か月以降は、就労準備の重点的なテーマに取り組ん

でいく時期です。本人の得意不得意を一緒に整理しながら、家族や主治医等、関係機関との連携も深めていきます。

　また、外部実習や就職活動に向けての仕上げの時期になると、担当職員とチームの連携が一層重要になります。この時期は方向性を決めていくための材料として、情報が集約され、チーム全体で支えていきます。

3 就労トレーニング

　私たちのスローガンである精神障害者の「働きたいを働けるに」は、本人が職場で戦力となり、社会参加していることを実感し、自信を持って生きていけることを目指しています。そのために、「働くために必要な体」「多少のストレスに揺れにくい力」「人間関係へ対応するコミュニケーションの力」を3本柱の1つである就労トレーニングで身につけていきます。

　再発しやすいから無理しないほうがいいといわれてきた定説をはね返すように、トレーニングによって本人たちはタフな体と心を獲得していきます。

1 トレーニングの目標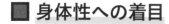

■ 身体性への着目

　トレーニングを行うときの重要な視点は、「体を使って実感する」ことです。これをピアスでは「身体性に着目したトレーニング」と呼んでいます。特に、土台となる体力や気力（集中力・持続力）は、頭よりも体を使うトレーニングに繰り返し取り組むことで養われ、また本人の手応え（実感）を伴ったものとなります。

　元来持っている力は高く、その場の作業はこなせる人が多いのも精神障害の特徴であると思いますが、長く働くという視点で心身の疲れ具合

などを実感しておくことは、仕事選びの判断材料となっていきます。

　昨今、就労準備としてパソコンスキルやビジネスマナーなど技能の習得に力を入れる就労支援も多いようです。もちろん、知識や技能の向上を目指す上では有効ですが、働くことの土台を体に入れる過程を省いてしまうと、働く体になっていないまま求職活動に入ってしまい、自分に合わない仕事を選んでしまうおそれがあると思います。

■ 仕事に合わせる

　トレーニングを通じて、多少自分を変えていくことや、仕事に自分を合わせることを学ぶのも大事なことです。しかし、ここで大切なのは、その取り組みは自信の回復あってのものだということです。利用者の多くは、精神障害になったことにより、仕事や人間関係など根幹にかかわるところで傷ついた経験を持っていて、自己評価が低くなっています。支援者はそこに思いを馳せ、取り組むタイミングを図っていくのが大切です。

2 基本の枠組み

　トレーニングの内容は、実際の仕事に近いものに設定することがピアス開所時から大切にしていることです。その時々の労働市場も視野に入れた変遷を辿り、現在、「弁当宅配（厨房）」「環境整備（清掃）」「事務補助（事務補助）」という基本の3種類に加えて、初期段階に取り組む「幕張版ワークサンプル（13種類の作業をパッケージ化した評価・訓練ツール：障害者職業総合センター作成）」と、外部機関（特別養護老人ホーム）

でのリネン作業で構成されています。

　トレーニングは、種類ごとに特徴や求められる力もそれぞれです。そのため、それぞれのもつ特徴や身につく力を理解し、バランスよく取り組むことが必要です（**図3**）。

図3　トレーニングの構成と身につく力

外部訓練	**リネン部門**（共同作業） ・状況に応じた作業 ・職場を意識したコミュニケーション ・時間を意識した働き方	
内部訓練	**弁当宅配部門**（共同作業） ・体力、コミュニケーション ・指示通りに仕事をする ・時間を意識した働き方	★ 身だしなみ ★ 体力 ★ 体調管理 ★ 病気のコントロール ★ 丁寧な仕事 ★ 正確な仕事 ★ 作業のスピード ★ コミュニケーション
	環境整備部門（個別・共同作業） ・清掃スキルを身につける、体力 ・職業人としての意識 ・周囲への配慮、コミュニケーション	
	事務補助部門（個別作業） ・一人で仕事を進める ・コピー機、パソコンに慣れる ・コミュニケーションスキルの向上	
入所後訓練	**ワークサンプル**（個別作業） ・仕事の基礎を覚える ・基本的なコミュニケーション ・自分の傾向を知る	

■ 積み上げ方式でステップアップ

　一つひとつのトレーニングを作業体験（実習4日間）として一通りこなした後、トレーニングは本格的に始動し、基礎トレーニングから上記の3つの部門に1つずつ取り組んでいきます。その質も「指示通りに働く」などの基本的なことから、「仕事の組み立てや時間の目安を立てて作業に取り組む」などへと徐々にステップアップしていきます。

　やがて、施設内から施設外のトレーニングへとステップを進めていきます。ピアスでは、外部トレーニングを職場実習の入口と位置づけ、入所後約6か月から取り組むことを目安としています（**図4**）。この外部訓練への取り組みを通して、時間数も基本の1日4時間から5時間へと

図4　トレーニングの流れ

		実習中（4日間）	0～6か月間	6～9か月間	9～12か月間	12～24か月間
各期間の目標	生活面の準備	通所に向けた相談・調整	日常生活の安定	障害の理解と受け入れ	スムーズな対人関係の構築	
			規則正しい生活習慣 健康管理 安定出勤	自分の障害の理解 調子が悪い時の対処 **次のステップ** 施設外就労	生活の足固め **次のステップ** 職場実習	**次のステップ** ・就労への具体的準備 ・職場実習 ・求職活動
	仕事面の準備	4部門の作業体験	仕事のルールとマナーの習得	作業遂行能力を高める 得意不得意を知る	自分に合った仕事内容や水準の理解	
		就職の動機の確認 ピアス利用の動機の確認	遅刻・欠勤の連絡 意欲的に取り組む	適切な速さで一定の仕事量をこなす 仕事の能率を上げる	職員の指示を受けずに責任を持って仕事する	
	時間数		就労プログラムを含めた週4日以上	就労プログラムを含めた週4日以上 週14～25時間	週5日 週20～30時間	週5日 週20～30時間の維持

利用契約　チェックリスト（6か月）　チェックリスト（12か月）　ゴール設定

増えていきます。その後はいよいよピアスから外へのチャレンジ、職場実習です。

職場実習は、体験として取り組むものと、仕事内容や職場環境が自分に合っているかを確認するためのものと、目的を変えて複数回行えるのが望ましい流れです。支援者は、タイミングを逃さないこと、本人の特性に合った実習の組み方をすることを意識する必要があります。

また、職場実習の前後からは、人によってはトレーニングの時間数を6時間まで増やしていくことも行います。このように時間数や質、場の広がりも段階的に負荷をかけていくことが、本人の可能性や限界を知ることへとつながっていきます。

■ 振り返りと気づきのサイクル

トレーニングは、ただがむしゃらにやればいいというものではありません。できたかできなかったかのみでなく、なぜうまくいったのか、いかなかったのかを本人と支援者が共有していくことに意味があります。

日々のトレーニングを「振り返り」、本人の「気づき」へと還元し、その時点の「課題」を支援者と共有し、再び「トレーニング」でさらに取り組む、このサイクルを積み重ねていきます（**図5**）。

このサイクルを丁寧に行うことで、本人は作業としての向き不向きやそれぞれに感じるやりがいなども含めて自己理解し、自分の働くイメー

図5　振り返りと気づきのPDCA

ジがつくれるようになります。周囲が一方的に指摘したり助言したりして方向づけるのではなく、本人が自ら気づいて選択できることは、その後のモチベーションにもかかわる重要なプロセスとなります。

3 継続のための工夫

トレーニングは、継続することでさまざまな力が養われます。しかし、その継続には工夫が必要です。精神疾患自体が持つ疲れやすさへの配慮や、モチベーションを維持していくことを念頭に、一人ひとりの個別性に応じてトレーニングの質や量を随時調整していくことが大切です。

1 トレーニングのためのトレーニングにしない

トレーニングを行う上で気をつけているのは、「トレーニングのためのトレーニングにしない」ことです。トレーニングは、すればするほど、いつしかそれが"仕事"となり、ピアスは"職場"となってしまうからです。このことは、本人・支援者双方にいえることです。

本人が目の前の課題をこなすこと、ピアスに適応することにエネルギーを使ってしまうと、過剰適応が起こってしまいます。また、支援者も職業準備という視点から今取り組んでいることをとらえる意識が薄まってしまい、足りないところ探し、言い換えると重箱の隅をつつくようになってしまいます。

そうならないためには、今取り組んでいるトレーニングが就労するための「何」につながっているのか、そこへ向けて今「どこまで」準備できているのかを本人と整理し、「自分の目標は就労である」ことを、本

人と折にふれて共有することです。

2　個別性を大事にする

　ピアスのトレーニングは、流れに沿ってまんべんなく取り組むのが基本です。その際、職員には、個別性を大事にすることが求められます。本人のトレーニングの進捗状況や適性にあわせて、取り組む範囲を丁寧に調整していくことで、本人の可能性が広がったり、逆に限界を共有したりすることにつながります。この視点がないと、画一的なトレーニングの提供となり、無駄な苦労を本人にさせてしまうおそれも出てきます。ピアスのシステム全体を貫くオーダーメイドの支援の視点は、トレーニングでも同じように大切に考えられています。

4 就労プログラム

　前項の就労トレーニングが「体の準備」だとすると、2つ目の柱である就労プログラムは「心の準備」といえます。

　毎日のトレーニングでは、当然疲れや失敗も出てきます。うまくいかないことへの落ち込みは、就労にチャレンジすることへの不安にもつながります。プログラムでは、同じように取り組む仲間と支え合いながら、本人は自分自身の整理や面接練習などの具体的な準備に取り組みます。この支え合いが、本人の働くことへの何よりの動機の維持につながります。

1 就労プログラムの内容と意図

　プログラムの構成は、意図をもったものであることが大切です。ピアスでは就労準備の流れに沿ってテーマを構成し、少しずつ内容や密度が濃いものとなり、それらをクールとして設定した最後に「4分間スピーチ」で締めくくります。

　その上で、その時々のグループ（利用者）の構成や状況にあわせて柔軟に展開していくことで、プログラムに命が吹きこまれます。ピアスのプログラムのテーマと意図は、次のとおりです（**図6**）。

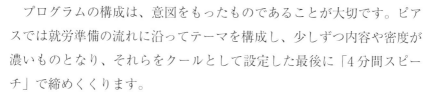

図6　ピアス　就労プログラムのテーマとその意図

	テーマ	意図
1	ピアスオリエンテーション	会社で求められる力を知った上で、ピアスのトレーニングやプログラムが何のためにあるのかを正しく理解する。自分が主体的にピアスを利用することの後押しとなる。
2	病気の知識とコントロール	精神科の医師から病気や薬の知識を学び、病気とつきあいながら働くイメージを作る。
3	職業準備性チェックリスト ・病気や障害の理解 ・職場での人間関係 ・職場での行動、態度	チェックリストの項目に沿ってつけ方を学び、実際につけてみる。各項目が何を指しているのかを正しく理解することで、トレーニングで日常的に意識することへとつながる。
4	最新情報を知る ・ハローワークの活用および最新の雇用情勢 ・就労支援機関やジョブコーチの使い方 ・企業見学 ・OBの話	ハローワークや就労支援機関の職員から現在の雇用状況等を、企業見学では働く当事者や担当者から働き方や求める人材を直接聞く。生の情報に触れる機会は、働くイメージ作りやモチベーションのアップにつながる。また、「OBの話を聞く」会は就労プログラム全体を通して大好評である。先輩からピアスをどのように使い就労への道筋を歩んだのか、働くと生活がどのように変わるのか等を聞かせてもらう。職種や働き方の異なる複数のOBに話してもらっている。
5	ナビゲーションブックを作る	これまでの学びをナビゲーションブック*に整理する。自分の作業面・対人関係面の強みと弱み、努力する点と配慮をお願いする点に分けていく作業を行う。
6	ビジネスマナーや会社で求められるコミュニケーションを学ぶ	履歴書と実際の求人票を使って面接練習を行う。面接風景をビデオに撮って確認することで、周りに映る自分をより意識することができる。
7	自分を語る	アイスブレイクで30秒～1分間のスピーチを行う。これを繰り返すことで人前で話すことに少しずつ慣れる。クールの最終回に「4分間スピーチ」（別掲）を行う。これはピアスの就労プログラムで目玉の回と言ってもよいものである。①なぜピアスを選んだのか（過去）②ピアスで課題としていること（現在）③自分の将来像（未来）の3つのテーマで、事前に原稿を準備し、グループの中で発表しあう。

＊本人がプログラムをもとに、自分の特徴やセールスポイント、障害特性、職業上の課題、
　会社に配慮を依頼すること等を取りまとめて、事業主や支援機関に説明する際に活用する
　ツール。

2 プログラムの効果

1 繰り返しによる気づき

　プログラムは、4〜5か月で1クールが終了します。したがって、就労移行支援の期間中（2年間）に3〜4クールを経験する人もいます。

　同じテーマの繰り返しだからこそ、自分の変化を実感できることも意図しています。同じテーマに取り組んだとき、心に残るポイントが前回と変わっている、一つひとつの内容が今回はしっくりきたという言葉を本人から聞くことがあります。

　プログラムの「7. 自分を語る」の「4分間スピーチ」は、「なぜピアスを選んだのか」「ピアスで課題としていること」、そして「自分の将来像」の3つに分けて原稿を準備し、グループの中で発表し合うものです。1クール目に初めて書くときは過去が中心となりがちだったり、逆に過去に目を向けるのがつらい人もいます。しかし回を重ねるごとに、多くの人のスピーチが過去から現在そして未来へつながった、より厚みのあるその人の物語に変わっていきます。卒業間近の利用者のスピーチは、時に本人もそして参加者皆が涙するくらい素晴らしいものです。

2 グループからの学び

　プログラムは、基本的にグループワークを主体としています。特に小さい単位でのグループワークは、周りの意見を受け入れたり、取り入れたりするチャンスです（**図7**）。ポストイット方式は、個人の声の大小にかかわらず全員の意見が保証されることから、参加者同士の活発なやり取りが促進されます。また、先輩の利用者が後輩を自然と迎え入れ、

図7 「働く場での人間関係を良好に保つためにできること」の表

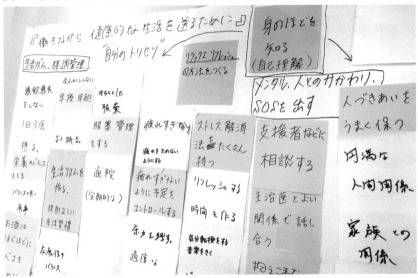

自らが率先してグループワークを引っ張っていく姿は、後輩にとってよきモデルとなっています。このようにしてつくられていく横の関係は、支援者との1対1の関係ではつくりえないものであり、実際、働く上で必要な力でもあります。

3　仲間づくり

　また、グループワークは仲間意識を育みます。それぞれ入所時期が違うので、ずっと固定したメンバーということはありません。それでも、グループワークを通してできる仲間意識は、本人を支えてくれる大きな力となるものと感じています。

　プログラムの「7.　自分を語る」の「4分間スピーチ」では、そのことを特に感じます。グループで発表し合うなかには、思い切って過去の自分を話した人も、そこには触れなかった人もいますが、お互いに相手

の人生に共感と尊敬の言葉を口にします。「ちょっと距離が近づいた感じ」「お互い頑張っている仲間という感じ」といったニュアンスを口にされる利用者は多いです。

この「仲間」は、就労を目指す上で大きな力となり、苦手だったはずの人間関係を上書きしてくれるものと感じます。

Column

4分間スピーチ   O.T

「障害を持ちながら働くためには」

　私は、発達障害のアスペルガーで確定診断をいただいたのが、20歳を超えてからでした。前職を退職するまで医療機関とほとんどかかわりがなく、支援機関に通ったこともありませんでした。ピアスに通所していくうちに、私自身がこうしてもらえると助かる・やりやすいと感じる環境がわかってきました。「少し遠目から見てくれている」「予定変更は少し前に伝えてもらう」のような環境が安心して作業をすることができ、あまりにもしっかりと「見ています感」があると、「そこまでやらかすと思っているのか」「視線を感じてやり難い」などとモチベーションを保つのが難しくなってしまうので、何かわからないことがあれば近くにはいるくらいの距離感がとてもやりやすいです。

　私は、自分に障害があると実際に病院で診断をいただく前から自宅に障害関連の本があったり、何か違和感のようなものがあったので、「調べれば絶対何かしら見つかるだろう」程度には思っていましたが、実際に病院に行き、はっきりと診断をいただいた際にはそれなりにショックを受けました。けれど、今改めて考え

れば、このときに病院に罹って診断をいただいていなかったら、そのままの状態で苦しかっただろうし、もしかしたら二次障害を起こしてしまっていたかもしれない。そう考えると、きちんと知ることができてよかったです。

　性格と障害のラインを分けることは難しいと思うし、きっとはっきりと分かれないところもあるとは思いますが、その上で折り合いをつけていくこと、相手のことを理解しようとすることが結局のところ重要なのだと思います。

　就職後の希望としては、職場で浮いてしまわないように注意して、1つの職場で長く働いて行き、余裕ができればお菓子作りが趣味なので、少し高めの製菓用品を買って、作ることが難しいお菓子に挑戦したり、旅行に行くなど余暇を充実させたいです。

　これは○さんの5回目の原稿です。彼女の原稿は、回を重ねるごとに文章量が格段に増えました。それはこれまで「点」として散らばっていた働く上でのテーマが、職場実習の振り返りを丁寧に整理できたことで、○さんのなかで「面」として浮かび上がってきた成果でもあります。そしてこの5回目の原稿は、市内の医療・福祉系の専門学校の授業で○さんが話した内容の抜粋です。これまでになかった障害のことを初めて付け足しています。入所当初は言葉にできなかった○さんのこれまで背負ってきた荷物の重みを考えると、就職したら、ぜひ彼女らしさを大切に活躍してほしいと思います。

Column

目に見えないバトン

高橋しのぶ

　ピアスには「メンバーからメンバーへ」受け継がれるものがたくさんあります。日々のミーティングの司会に始まり、トレーニングでは慣れたら次の人へ教えるのが当たり前になっています。また、就労プログラムでの「OBの話」の語り手も、着実に受け継がれているものの1つです。自分より少し先を行っている先輩たちからピアスをどのように使ってきたかを聞くことは何よりの励みになり、自分自身の先のイメージも湧きやすくなります。この役割を自分たちもいつか頼まれるかもしれないというのも、緊張とともに憧れになるようです。

　「4分間スピーチ」で発表したら、次はセミナーの講師として外部に向けて話す道へ進む方もいます。福祉系専門学校の授業や支援者向けの研修など、彼らの体験談は、支援者の誰が話すよりもいつだって受講者に好評なのです。「自分が先輩にしてもらったことは返したいので受けます」と言って講師の依頼を受けてくれるメンバー。目に見えないバトンがメンバーからメンバーへ渡っていると感じる瞬間です。

5 個別相談

　3本柱の3つ目は、就労への道筋を一緒に検討していく「個別相談」です。ピアスでは、「個別担当制」で担当が責任をもって支援をし、方向性を本人と一緒に決めていく方法を開所以来とっています。ここでは、個別相談の軸となる「個別性」をみる大切さと、具体的な相談の視点、またそもそも相談できる関係づくりの重要性にも触れていきたいと思います。

1 あらためて個別性を大切にする

　「就労トレーニング」や「就労プログラム」は、グループの力を最大限使いながら本人の気づきや力としていきます。グループによる共同作業を通して、人に教えることや人前で話す経験を積み、より力に厚みを増していきます。しかし、就労支援はこの2つではまだ不十分です。
　この2つによる成果を最終的に集約するのが「個別相談」です。トレーニングや職場実習から得た本人の実感や気づき、これまで歩んできた道のり、価値観、仕事への思いなど、これらすべてをふまえ、言葉どおり個別性に基づいた支援を行う機会となります。人によって、トレーニングの進め方も進捗も、職場実習へ進む時期も、目標とする就職先も全部違うので、支援は常にオーダーメイドであり、個別性に基づくことが重要です。

2 個別相談のポイント

Column

「終わり」の一言から始まる面接
　　　　　　　　　　　　　　　　　　　　　　　　　　　　荒木浩

　Kさんとの面接は、「以上で終わりですが、ほかに何か話したいことはありますか？」と投げかけてからが彼女にとっての本題であることに何度目かの面接で気づきました。その前に近況やトレーニングについて話しているときは、さらっと簡単な答えが返ってきます。

　しかし、上記の一言が合図のように、心配事や気になっていることをぽつりぽつりと話し始めるのです。かといって、順序を変えて最初から「話したいことをどうぞ」と言っても、なかなか言葉は出てきません。この方なりの順序があるのでしょう。それからは、面接の時間配分を工夫して後半の時間を十分確保しながら臨むようにしています。

1　支援者自身の自己理解があってこそ

　相談は、本人が担当に遠慮したり気を遣ったりしている状態では成立しません。そこに支援者が気づかず、いわば独りよがりになっていると、本人は担当に対して話しにくさや話すことへの疲労感を感じて、面接そのものへの意義を感じなくなってしまう可能性があります。

　そうした事態を避けるには、まず支援者自身が自分の癖や価値観の偏りを知ることが必要です。多くの利用者は病気になったことにより、学業や仕事を中断せざるを得なかったという経験をしています。そのため、面接のなかで支援者が使う言葉や表現のなかから、自分のことをど

う思っているか、どうなってほしいと思っているのかを本人は敏感に感じ取ります。そのくらい、職員に気を遣ったり、意を汲もうとしたりしているのです。だからこそ、支援者は自分の価値観を押しつけないよう注意しなくてはなりません。

　特に、面接場面は密室で1対1になるので、本人がNO（ノー）と言いにくいことを肝に銘じて臨む必要があります。

　また、個別相談の頻度などにも支援者自身の癖が表れることがあります。ピアスでは、慣れるまでは2週間ごと、落ちついてからはもう少し間隔をあけるようにしています。しかし、いったん決めた面接の頻度を変えないまま延々と継続していたり、支援者の先取り不安からしょっちゅう面接を行ってしまうことがあります。そうすると、本人の発信する力を奪ってしまったり、今起きている状況や本当に必要な支援が見えなくなってしまうおそれがあります。どのような目的で個別相談を行うのかを支援者自身が考えてから設定することが大切です。

2　支援者がしゃべりすぎない

　「いい面接ができたな」と思ったときほど、支援者のほうがしゃべりすぎていることが多いです。面接自体はすんなり終わっても、本来の対話になっていないので、本人の気持ちに触れていなかったということを職員自身も経験しています。しかし、たいていの答えは本人が持っているものです。すぐには言葉に出てこなくても、ちょっとしたひと言をこちらが聞き漏らさずにいれば、そこを丁寧にやり取りしていくなかで、本人が自ら気づいていきます。支援者に必要なのは、そこへ至るまでのきっかけとなる言葉かけや、待つ姿勢です。本人が自分自身で気づけると、話せた、納得いく方向に行き着いたという実感や手応えを感じ、そのことが次のステップへ進む力になります。

■ 信頼関係の構築への努力

　就労支援において個別相談がはたす役割は大きく、支援者との間でつくられた信頼関係は、就職後の職場の上司等への相談のしやすさへ、そのままつながっていきます。

　では、信頼関係を構築していくにはどうしたらよいのかといえば、まず本人の歩んできた道のりに対して敬意をもって接すること、誠実に丁寧に本人と向き合うことの積み重ねです。そもそも人に相談するのが苦手な利用者が多いので、特に入所して間もない時期は、ちょっとしたことでも相談したら楽になったという実感を得てもらうことが大切です。事業所でのすべてのコミュニケーションは小さな面接というくらいの意識でかかわることだと思います。

　また、職歴や病歴、生活歴などを聞かせてもらうときは、一問一答にならないように気をつけます。あれはどうですか、これはどうなんですかと尋問みたいにされて快く思う人はいません。相手が話しやすい雰囲気を心がけながら、聞き役に徹するのも敬意です。時には支援者自身が自分のことも語りながら、「一緒にやっていこう」という姿勢を示すことが大切です。

　就労支援の場合は、いずれ今後に向けた現実的な検討をする時期がきます。本人の希望を尊重しつつも、客観的な意見をもって対峙する場面も訪れます。そのとき「この人の言っていることは聞いてみよう」と思ってもらえるかどうかが大事だと思います。

6 チェックリスト

　ピアスでは1995年、就職に向けた準備の進捗を自己点検するためのツールとして、チェックリストを導入しました。それを2002年、利用者と職員の相互チェックリストへと改訂しました。

　チェックリストは、「就労支援の3本柱」が有効に機能しているか、ピアス自体のシステムを点検する機能をもっています。また、利用者にとっては、自身の就労準備の進捗を測りながら、強みを把握し目標を整理する大切なツールの一つです。評価には、支援者など客観的な視点も必要であり、両者のずれを話し合うなかで利用者の理解を深めていこうとの趣旨でした。

　ピアスでのチェックリスト導入に対して「利用者に点数をつけて、成績表をつくるのか」といった声を他機関からいただいたことがありましたが、チェックリストは利用者の就労の可否を判定するツールではないということを繰り返し強調し説明してきました。チェックリストは、あくまでも本人の伸ばしたい力や改善すべき課題は何かを把握するためのツールです。利用者から単なる判定ツールととらえられないためにも事前説明は必須です。

　賛否両意見のなか、この活用について背中を押してくれたのは、ほかならぬ利用者たちでした。「目標が持ちやすい」「客観的になれた」などの声は大きな支えとなりました。近年、発達障害者の増加で利用者層は変化していますが、チェックリストの基本項目は変えず、現在に至っています。

1 チェックリストの目的

　利用者の個別支援には、トレーニングの進捗状況を把握し、支援者と本人の双方で就職に必要とされる力が現在どのくらいあるのかを共有しておく必要があります。職員は、自分が目にして感じたことや職員会議での情報共有のなかで、本人の強みや弱みの理解に努めています。

　評価の指標を明確にし、項目を細分化して体系的に整理したチェックリストがあれば、職員の力量などにかかわらず、共通した視点で考えも整理しやすく、利用者の強み・弱みといった特性理解もしやすくなります。また、利用者にとっても、就職に必要な要素がチェックリストの項目にあることで、着目すべき課題を理解しやすくなります。

■ 書式の構成

　チェックリストは、精神障害者が就職するために必要な力を要素（項目）ごとに分解し、定量化できるものとして使用しています。その把握を半年ごとに行います。

　構成は、樹形図のように大中小の項目から成り立っています。大項目は、①基本的な職業生活、②人間関係、③行動と態度・作業遂行力となり、中項目と 52 の小項目に細分化しています。①や②の項目を設定しているのは、就職には作業の遂行力だけではなく、生活面やコミュニケーション力の安定も必要と考えているためです。日々の生活からピアスでの取り組みのすべてが職業準備性につながっています。チェックリストを定期的につけ本人の変化を時間軸でとらえ、双方で確認することで進捗状況が把握しやすくなります。

社会福祉法人多摩棕櫚亭協会　就労移行支援事業所ピアス

職業準備性チェックリスト

氏名	記入日（第　　回） 　　　年　　　月　　　日		記入職員

よくできている＝４　ふつうにできる＝３　あまりできない＝２　まったくできない＝１
わからない＝空白

項目		具体的項目		チェック項目	本人	職員
基本的職業生活	日常生活の管理	生活リズム（起床・就寝）	1	出勤時間に合わせた生活ができる		
		身だしなみ	2	毎日、身だしなみを整えることができる		
			3	季節に合わせた服装ができる		
		金銭管理（生活設計・経済観念）	4	現在の収入に応じた生活ができる		
			5	就職時にどのくらいの収入があれば生活できるかを知っている		
		食事	6	栄養のバランスを考えて食事をすることができる		
	健康の管理	余暇の過ごし方・心と体のバランス	7	疲れが残らないように気分転換ができる		
			8	体の疲れをとる工夫をしている		
		一般的な健康管理	9	体の不調時（風邪・腹痛・頭痛など）に対処できる		
	障害や症状の理解	外来通院（症状や病状の変化についてのやりとり）	10	定期的に通院し、その時の生活や訓練状況の変化を伝えている		
		服薬管理	11	服薬を守ることが出来る		
		自分の障害や症状の理解	12	自分の障害について理解や受入れができている（疲れやすさ・疲れに対する工夫）		
		病気に関する知識	13	自分の病気に関する質問に答えられる		
		病状のコントロール	14	悪化時のサイン（調子を崩す前触れ）を知っている		
			15	悪化時のサインが出た時の「自分に合った対処方法」を知っている		

協力者	家族等の理解・協力	16	家族や関係者は、本人が就職を目指すことに対して協力している		
	援助の要請	17	家族・知人・仲間に協力を求めることができる		
		18	PSW、施設職員、保健師等の相談・援助を受けることができる		
		19	医師に就職に向かうことや働き方についての相談をすることができる		
コミュニケーション能力	あいさつ（タイミング・声の大きさ）	20	あいさつ、返事ができる		
	会話	21	自分から声をかけることができる		
		22	人の話をきちんと聞ける		
	言葉づかい	23	相手やその場に応じた丁寧な言葉遣いができる		
	非言語的コミュニケーション	24	良いコミュニケーション（身振り・姿勢・視線・表情・声の大きさ）ができる		
自己のコントロール	感情のコントロール	25	注意・指導された時も、感情的な表情や行動に出さないでいられる		
	意思表示	26	自分の要求をきちんと伝えることができる		
職業社会性	協調性	27	他の人の立場を理解できる		
		28	相手の状況に合わせて行動できる		
働く場での行動・態度	作業遂行の態度 一般就労への意欲	29	なぜ就労したいかが明確になっている		
		30	目標をもってトレーニングに臨んでいる		
	安定した出勤	31	目標日数の80%出勤できる		
	作業の責任感・意欲	32	プレッシャー・責任を伴うときも出勤できる		
		33	意欲的な態度で作業に取り組むことができる		
	作業に取り組む態度	34	職場での指導・助言を受け入れることができる		
		35	一つ一つの作業を丁寧にできる		
		36	作業をうまくやるための自分なりの工夫ができる		
	基本的ルールの理解 職場・仕事のルール	37	職場のルールを守ることができる		
		38	遅刻・欠勤の場合には自分で連絡ができる		
		39	報・連・相ができる		
		40	共同作業をスムーズにできる		

作業遂行の基本的能力	持続力	41	1日4時間程度はムラ無く集中・継続して作業ができる		
		42	週5日間仕事をする（継続してゆく）ための基本的な体力がある		
	作業指示の記憶・理解	43	作業の手順を正しく覚えられる		
		44	手順を守って作業ができる		
		45	職場の備品・用具の使い方を覚えていられる		
	作業の正確性	46	指示通り、ミスや間違いなく作業ができる		
	作業速度	47	正確性を保ちながら、時間内に作業をこなすことができる		
	作業能率の向上	48	仕事に慣れるに従って能率を上げることができる		
周囲への配慮	安全確保・事故への対処	49	危険を予知し、安全性に気を付けて作業ができる		
		50	事故が起こった場合に、定められたルールに従って対処できる		
	作業・職場環境の変化への対応	51	作業手順の変化に対応できる		
		52	作業種類の変更に対応できる		
		53	担当職員の交代に対応できる		

自分に合った勤務時間・通勤距離・職種・職場環境などの条件は？
チェックリストで確認できた今後の課題は何ですか？（トレーニングの必要性）
今後の目標
備考

2 チェックリスト活用の流れ

1　チェックリストをつける

　チェックリストをつけるのは、利用者・主担当職員・作業部門担当職員です。職員はピアスでの作業や面接、休憩時間の雑談の様子など、さまざまな場面から本人の把握に努めていきます。

　利用者は、作業場面で褒められたことや注意されたことを思い出しながらチェックリストをつけ、大半の項目をつけることができます。各項目を、「4（よくできている）」「3（ふつうにできる）」「2（あまりできない）」「1（全くできない）」で数値化してもらい、それを受けて職員も数字を記入し、お互いが評価の根拠を確認していきます。トレーニングのなかでよい点はどこかを伝え、うまくいっていないと感じることを率直に伝え、自身の目標や課題設定のしやすさにつながることもわかります。そんなセルフチェックの機能があります。

　面接を行う時期・頻度は、利用の開始からおおむね半年ごとです。1回の面接は、最長1時間程度とし、2回程度の面接で全体を記入することになります。

2　サマリー会議で協議、共有

　利用者と担当職員でチェックリストをつけた後、他の職員にもチェックを依頼します。それぞれがつけたものを会議に持ち寄り、内容を協議します。この作業を通して整理、共有した結果書を「サマリー」と呼んでいます。結果は、本人の数値、担当と他の職員の数値、その平均値を一覧できる1枚の書式にまとめ、担当職員が整理しておきます。

3　サマリーを面接で伝え、共有する

　サマリーは面接で本人へ伝えます。なぜそのように評価したのか、この項目は職員と評価が異なっているなど、理由を含めて丁寧に説明します。

　通常、職員の評価は具体的なトレーニング場面をみて行うので、それに基づいて根拠を説明します。具体的な場面を示して説明することで、本人も納得の上理解してもらえます。強みや弱みを明確にしていきながら、本人と各部門で取り組む内容を具体化することがその後の本人の力になっていきます。

　また、この情報は、本人の承諾を得た上で、必要に応じて外部の関係機関とも共有してチーム支援につなげることもあります。

■ 全体のなかでの位置づけ

　チェックリストの活用を念頭においたトレーニングの流れは、「個別支援計画→訓練→チェックリスト→サマリー会議→個別支援計画→訓練→……」となります。これは業務改善のマネジメントサイクルである「PDCAサイクル」と似ています。「C＝チェック」はモニタリング（評価）と読み替えることができます。

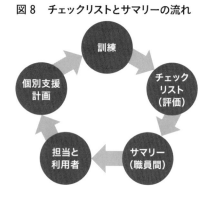

図8　チェックリストとサマリーの流れ

■ 使用上の効果

1　信頼関係が強まる

　チェックリストは、利用者の就労の可否を判定するツールではありません。あくまでも、本人の伸ばしたい力や改善すべき課題を把握するツー

ルであり、個別の支援につなげていくことが重要です。その点は事前にはもちろんのこと、繰り返して説明することが必要です。

　就労支援は利用者と職員の信頼関係の上に成り立つものです。具体的に活かす個別の支援で、利用者自身に力がついたと感じたり、長所に気づいたりできれば、さらに信頼関係が深まっていきます。

2　長所とトレーニングを結びつける

　チェックリストを使っていると、利用者の弱みや課題に目が行きがちになります。支援者は本人の長所や得意なことに結びつける視点こそが重要です。

　たとえば、目まぐるしい厨房作業の「作業のなかで形どおりのことはできるが、臨機応変に判断することが困難である」という評価が、イレギュラーの少ない清掃部門に入った場合に「もくもくと堅実な仕事ぶりがよい」という評価につながり、本人の就職先選びに役立つことがあります。これは、職員間で情報共有を行った成果の好例です。

　「どうすれば苦手なことができるのか、どの程度ならできるのか」「この評価はどうしたら活かされるのか」という模索を担当職員に任せるのではなく、チームで取り組むなかで他の可能性につながっていきます。

3　主体的な活動を引き出す

　就職に向けた訓練は、まず本人の課題が何かを明確にし、その課題をトレーニングのなかで取り組むことが重要です。この際、本人がトレーニングに対して前向きな気持ちをもたなければ、どんなによい訓練も成果にはつながりません。利用者の主体的な取り組みこそが就職やその後の就労継続につながるという点でも、チェックリストは有用です。

7 生活訓練（自立訓練事業）

　ピアスの3本柱の1つである「就労トレーニング」と密接に関係づけているのが「生活訓練」です。利用者層や社会の変化にあわせて、障害者総合支援法の仕組みのなかで工夫、運営しているものです。就労移行支援のハードルが少し高いと感じる人でも、生活訓練なら利用することができ、システムとして定着した現在は、生活訓練から出発した利用者も就労移行支援へ移籍するなどステップを踏み就職し始めています。

1 立ち上げの経緯

　ピアスは、2014年に生活訓練（自立訓練事業）を立ち上げています。そのなかで、就労移行支援の4日間の利用前体験がうまくいき、就労トレーニングをスタートさせたものの、途中から通所が困難になってしまったり、集団にとけ込めずに中断したりする人が出てきました。それまでは、利用前体験をこなせることが、本人にとっても職員にとっても通所可能か否かの目安になっていたといえます。

　利用困難になり中断する人の年齢は、多くが20代前半か40代でした。20代の人は学校にうまく通えず、働いた経験もないと言います。一方、40代の人は、働いた経験はあるが長続きせず、その後は十数年ひきこもっていたと言います。つまり、集団で活動する経験が乏しい、あるいは場に適応することに課題のある人が就労移行支援事業の利用中断に

至っていることがわかってきました。

■ トレーニング中断の原因

私たちは、トレーニング中断の原因として、主に6つの原因があると考えています。
・病状が不安定である
・生活のリズムが安定していない
・共同作業における社会性・協調性が低い
・体力がない
・コミュニケーションの能力が不足している
・環境に適応することが苦手である

ピアスの就労移行支援事業の利用前には、必ず4日間の短期体験を行っています。その後、利用中断する人の多くは、体験では短期であるため無遅刻無欠席でこなせたのですが、長期にわたるトレーニングになると負担感が増し、自信を失い、やがて中断してしまうという経過を辿りました。実際、本人たちも実習中に「少し無理しているかな」とのつらさを胸に秘めていることも多いようです。

そこで、就労移行支援事業（2年）の前に助走期間として「生活のリズムをつける」「体力をつける」「社会性を学ぶ」など、就労移行支援に進むための土台づくりに取り組める生活訓練（2年）を設けました。こ

図9 生活訓練を利用する場合の就職への流れ

の試みは、しだいに軌道に乗っていきました。

2 プログラムの流れ

　生活訓練は、1日20名定員に対して平均10名程度が参加します。就労移行支援に比べて小集団のため、顔の見える関係で安心して集団に慣れていくことができます。時として、職員を介さずに先輩利用者が作業を教えることになりますが、そのことも多くの利用者が苦手とする1対1の関係づくりに役立ちます。事業所に通うことが自然にできてくると、おのずと「健康管理」「日常生活管理」「対人技能」の力も身についていき、自信にもつながる好循環がうまれます。

1　合同ミーティング
　一日の流れは、まず午前9時半に就労移行支援と合同のミーティングを行います。就労移行支援の利用者と交流することで、たくさん刺激を受けるようです。「ゆくゆくは先輩のようになりたい」などの言葉を、あとから聞くこともあります。

2　記録表を作成
　午前の作業プログラムに入る前に記録表を書き込み、内容を職員と確認します。記録表には、食事・睡眠・服薬の状況を記入する欄があり、作業前の体調や気分を把握し、これらの項目が心身の健康状態とどのように結びついているかを意識できるように設定しています。
　たとえば、体調が悪いといった場合、睡眠が少なくなっていれば、本

人にとって体調悪化の原因が睡眠であることの理解につなげることができます。さらに、睡眠が少なくなっている原因を深める、たとえば深夜遅くまでゲームをしたせいなのか、対人関係の悩みなのかをともに探ります。

	（一日の流れ）
9：30	移行支援と生活訓練　合同朝礼 個人記録表の記入・確認
10：00	作業プログラム開始 （生活訓練の場合10分休憩）
12：00	昼休み
13：00	作業プログラム開始
15：00	終了

時間が許せば、そこで解決するための方法を考えることもあります。

3　作業プログラム

　生活訓練の作業プログラムは、10時開始となります。プログラムは、体を使う「作業」と知識やモチベーションを高める「学習＝就労プログラム」で構成しています。基本的に、誰もが取り組める比較的負荷の軽いものを用意しています。生活リズムの安定、共同作業における社会性・協調性、体力、コミュニケーション力につなげることが大切です。

　午前に主に行うのは「軽作業」です。内職にあたるこの作業では、就労移行支援の「宅配弁当」に使用する材料づくりをしています。たとえば、宅配弁当に付ける割り箸の箸袋などをつくります。箸袋づくりは、通所を開始して間もない人が取り組みます。

　午後に行うのは「ワークサンプル」という模擬事務作業です。障害者職業センターで使っている教材を使っています。このトレーニングでは、仕事をする上での自分の得意不得意など傾向が見えてきます。

　たとえば、伝票チェックの作業では、丁寧さや集中力を自分がどの程度持っているかを知ることができます。生活訓練では、就労移行支援の利用に向けて、自分自身の強みや弱みを少しでも把握できるような働きかけを行います。

■就労プログラムとの連携

ピアスの3本柱の1つ「就労プログラム」は、前項で紹介したように、就職に必要な知識を全般的に学びます。この要素を生活訓練にも取り込んでいますが、生活訓練での就労プログラムは、より身近な出来事を取り上げるのが特徴です。

たとえば、「服薬の大切さ」をテーマにした場合、具体的な服薬に関する困りごとを話し合い、利用者同士でその解決方法を考えます。グループワークで自分のことを話し、相手のことを理解し、共感するプロセスを経るなかで、就職へのモチベーションが高まっていく様子も見られます。プログラムで見聞きして吸収したことが、就労移行支援での就労プログラムの予習になり深められるという効果も見られます。

3 生活訓練のメリット

発達障害の人の利用希望の伸びも相まって、生活訓練の利用希望者は増えています。精神障害者や発達障害者の多くは、社会での活動を熱望しており、就労支援にかかわるサービスは魅力的に感じるようです。社会での活動体験に乏しい、場の適応に時間がかかる、あるいはサービス利用に自信がない人にとって、ハードルが低く設定されていることが生活訓練の利用希望につながっているようです。

少ない日数からスタートした場合、生活上の問題がなく通所がスムーズに行われていれば、職員も速やかに利用日数を増やしていくよう声かけしていきます。

生活訓練に毎日通所できるようになれば、就労移行支援への移籍の検

利用についての差異	就労移行支援	生活訓練
スタート日数	4日〜	3日〜
利用単位	原則1日	半日可
標準利用期間	1年から1年半	3か月から1年
作業内容	実践的なもの	軽易なもの

討に入りますが、いきなり移籍するのではなく、就労移行支援のトレーニングに体験参加する機会を設け、利用者の負担感を聴き取りしながらスムーズに移籍できるように支援していきます。

生活訓練（自立訓練事業）は、就労移行支援事業に比べて利用にかかわる制約が少なく、自治体にもよりますが、弾力的に運用されています。リワーク支援を生活訓練から開始し職場復帰できたケースなどもあり、2事業の活用により、就労支援の可能性はさらに広がります。

4 個別を丁寧にみていく

ピアスの生活訓練は、プログラムの組み立てや利用者のモチベーションを考慮し、3か月から1年の利用で就労移行支援への移籍を目指しています。しかし、そのように進まないことも多々あります。

原因は、利用者そのものが抱えている障害や生活上の困難だけではありません。たとえば、同居する家族が病気を抱えていたり、経済的困窮状態にあったりと、生活背景に課題があることも多く、家族への介入が優先されるべき状況もあります。また、行政を巻きこまなくては問題解決できないような状況では、トレーニングを先に進めることができませ

ん。表面上は見えにくいことでも、生活訓練からスタートする理由がここにあります。

最低限必要なこと

週3日安定して通えることが、生活訓練利用のための最低ルールです。「毎日同じ時間に起きる」「服薬をきちんとする」「体が休まる程度は寝る」「週3日は通える体力がある」などが必要になります。週3日安定して通えない場合、「定期的に精神科デイケアへ通う」「定期的に地域活動支援センターへ通う」「まず就労継続支援B型を利用する」などをアドバイスします。

Column

「働きたい」を実現するために　　　　　　　高橋しのぶ

ピアスが生活訓練を立ち上げたのは、精神科デイケアや就労継続支援B型などの社会資源と就労移行支援の間に、「働く」ためのちょうどよいステップがなかったことによります。試行錯誤ののち、生活訓練はその運用によって就労準備訓練のステップに組みこむことができると確信しました。

もちろん、精神科デイケアや就労継続支援B型の事業形態を採用しながら有効な就労支援を行っている取り組みもあるはずで、利用者の「社会に出て働きたい」という思いを叶えるため、地域固有の社会資源やその地域のネットワークを活かす視点と意識こそが問われるのだと思います。

8 個別ニーズへの対応 ①発達障害への支援

　統合失調症をメインとした職業準備のアプローチをスタートしたピアスでしたが、時とともに制度や社会など外部の状況が大きく変わり、利用者層も変化してきました。一人ひとりにあわせたオーダーメイドの支援を根底におきながらも、これら時代の変化への対応として取り組んだものの一つが「発達障害への支援」です。

1 グループワークへの取り組み

　ピアスは開所当時、利用者の9割以上が統合失調症の人でした。それが2009年頃から発達障害の利用者が少しずつ増えていきました。それまでの利用者（多くは統合失調症）は、対人関係において「こうしたらいいとはわかっていても、うまくできない」ことに悩んでいました。

　しかし、発達障害を持つ利用者からは、同じ対人関係でも、「何とも言えない手探りな感じが続くことの疲労感」やグループに一見馴染んでいるように見えても、「蓄積していく対人疲労感」などの訴えが増えてきました。また、努力しているにもかかわらず、グループのなかでの関係づくりがうまくできないことに悩む利用者もいました。

　「就労プログラム」の項で述べたように、グループワークは働く上で大事な土台をつくってくれます。特に対人関係においては、あいさつや報連相（報告・連絡・相談）の裏にある相手の気持ちや状況に思いを馳

せる力を養ってくれます。その力を養うのが難しくなっている状況を受けて、独特な対人関係の困難さをもつ発達障害を対象にした今までとは違うグループワークが必要となってきたのです。そうして出会ったのが、発達障害コミュニケーションプログラムの「CES（Communication Enhancement Session；通称セス）」です。

2 CES 導入の経緯

　グループワークの必要性を思いながらも、CES に出会うまで試行錯誤が続きました。時期にすると 2010 年から 11 年です。それまでなかったコミュニケーション講座を実施したり、個別支援を主にした時期もありました。個別支援中心で就職していった利用者のなかには、職場でのコミュニケーションがうまくいかず、業務や人間関係に悩む方もいました。

　やがて、グループワーク導入のきっかけが訪れました。東京都多摩総合精神保健福祉センターデイケアで行われている CES を職員が見学した折に知り、プログラム開発者である中村干城氏を講師として、法人研修で学習する機会を得たのです。また、発達障害を対象としたデイケアを実施していた昭和大学付属烏山病院を見学したときに、生き生きと発言しあう当事者を目の当たりにし、プログラムが有効であるとの感触を深めました。そして 2012 年から就労をテーマとした発達障害者用の CES を開始するに至りました。

　中村氏がプログラムを指導してくれたのは大きな助けとなりました。困ったときに自分たちだけで解決しようとするのではなく、専門家の力を借りるというのが棕櫚亭のやり方です。中村氏を中心としたグループ

に、CES 担当職員が加わることによって、発達障害に対する視点が深まるのはもちろんのこと、一から手探りで始めずに済むのもありがたいことでした。

3 CES の概要

■ メンバーは固定、プログラムは構造化

CES の参加者は、クローズで構成します。これにより、本人は安全な環境のなかで自分の障害について話すことができます。入所時期により、参加するタイミングも違ってくるので、構成メンバーも少しずつ替わっていきますが、同じ顔ぶれで 3 ～ 6 か月程度は過ごします。

プログラムは、時間配分や進め方を定型化し、参加者の解釈や気づきは言語化し、それらはホワイトボード等で視覚化されます。このようにプログラム全体を構造化することにより、参加者の不安や緊張が軽減され、効果も実感しやすくなります。また、プログラムのなかでは障害による特性にふれることが都度ありますが、メンバー同士の顔馴染み感が深まることによって、相手を鏡として自分自身や共通する特性への気づきが深まるようになっています。これも職員と本人ではなく、講師と本人という関係性だから、抵抗感なくふれられるものだと感じています。

■ プログラムの構成

プログラムは、1 つのテーマについて 3 つのセッションから成り立っています（**図 10**）。CES は、その目的を「自分の対人関係上の得意不得意を見直すことによって障害や病気の理解を深め、より快適な社会生活

を送れること」としています。

対人関係上の具体的な場面は、デイケアや生活支援の場合と、ピアスのような就労準備訓練の場合では違ってくるため、同じテーマ（たとえば「連絡する」）に取り組むときも、具体的なシーンは変わってきます。

図10　CESの構成

中村干城氏作成

1　Good-Bad セッション（台詞の分析）

最初に行うGood-Bad セッションでは、ある場面とそこでのAさん（架空）の台詞が提示されます。この場面とAさんの台詞までが固定です。

セッションでは、Aさんに対するBさんの台詞が6〜8種類出されます。各参加者は、Bさんの台詞1つずつについて、なぜそう思うのかを説明しながらGoodかBadかを評価していきます。

評価は参加者間で一致したり分かれたりして、最後にセッションのコーディネートを務める講師がまとめます。Badな台詞にはAさんとの間に誤解やずれを生むリスクがあることを、Goodな台詞にはAさんとの円滑なコミュニケーションや良好な人間関係をつくれる可能性があることを確認していくのです（図11）。

図11 Good-Bad セッション

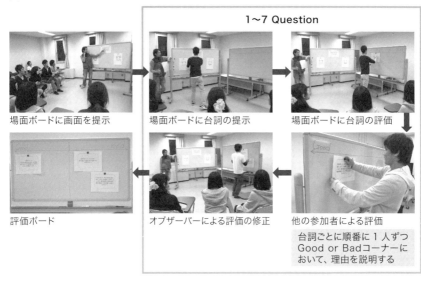

2 Episode セッション（会話の推測）

次に行う Episode セッションでは、会話の終着点（もっていきたい方向）から、そこへ行き着くまでの相手と自分の台詞を作っていきます。私たちが普段何気なく行っている、会話の方向を読んで相手への言葉かけを考えることを、台詞ごとに分解して行う作業です。セッションに参加する前提として、前にあげた Good-Bad セッションから、自分自身の傾向を事前に職員と整理してから行います。

3 Play-Book セッション（台本の作成）

最後に行う Play-Book セッションでは、自分自身の実際の場面を使って会話の台本を作成します。会話は、初めの声かけから始まり、テーマを扱う中心のやり取りがあって終結します。この流れの会話を作ります（図12）。

図 12　Play-Book セッション

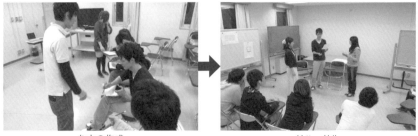

台本の作成　　　　　　　　　　　　リハーサル

　自分の気持ちを伝えながら、相手を不快にさせない会話が目標です。強く言い過ぎていたり言葉を端折っていたりする場合は、どのような台詞がよいかを一緒に直していきます（**図 13**）。最後に、自分らしく完成させた台本を披露し合って終了します。

4　CES の効果

1　コミュニケーションの着眼点への気づきを促す

　参加者からは、「今まで自分の思うように伝えていたが、自信がなかった」「ちょっとしたつまずきが積み重なっていた」といった声が聞かれます。CES のプログラムは、参加者それぞれにコミュニケーションの着眼点への気づきを促していくものです。それを繰り返していくことで、自分自身の傾向への気づきへとつながります。その上で、現実の場面を想定したセッション（明日から使える内容）で、自分の傾向にあわせた専用の台本をつくり、トレーニングで使えるようになれば、自信がついてきます。

図13 台本の修正

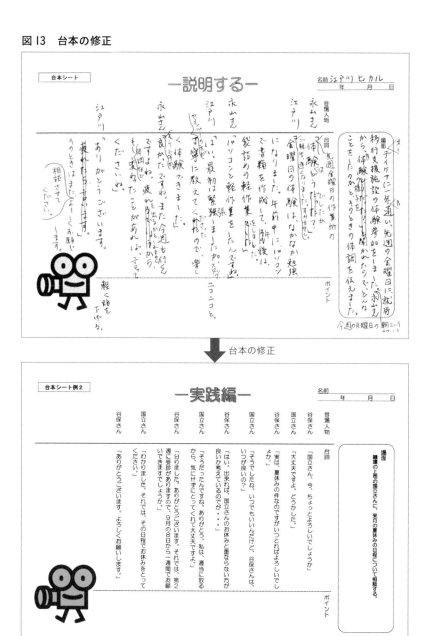

2　本人の全体像、傾向や特性がつかみやすくなる

　職員の本人に対する理解が進むことも大きな効果にあげられます。とりわけ本人の全体像が早めにつかみやすくなります。1対1の面接やトレーニングでは見えづらい考え方の傾向や特性が各セッションを重ねるなかで浮かび上がってきます。「全体像のつかみ」は、時間をかけることで深まるわけではなく、むしろ早めに把握し共有することが、本人の無駄な遠回りや苦労を防ぐことにつながります。

　CESは、プログラムの構造化により、コミュニケーションの着眼点を一貫して発信できるので、特性の把握も早まります。Good-Badセッションでは、短すぎ・長すぎ、軽すぎ・丁寧すぎ、などの特徴を持った台詞を毎回評価しながら、その着眼点への気づきを促していきます。なぜこの台詞をよいと思ったのか、またはよくないと思ったのか、この繰り返しのなかで本人の考え方と傾向が見えてきます。Play-Bookセッションにおいても、相手の台詞が浮かばない、つまり相手の気持ちを想像することが難しいために会話がちぐはぐになる傾向があることに気づくこともあります。また、台詞が長すぎたり、短く言い切ってしまう傾向から、相手との関係がとりづらい会話になっている場合もあります。3つのセッション全体を通して、コミュニケーションの特性や傾向だけでなく、背景にある本人の思いや価値観などへの理解が深まっていきます。

3　本人理解が進むと相互の関係もよくなる

　少人数の固定したグループは安全性を確保しやすく、参加メンバーの相乗効果も相まって、参加者それぞれの言葉が豊かになっていきます。すると職員もその言動の裏側にある本人の内側の世界に触れていけるようになります。

そうすると、これまで極端な行動のように映っていた本人の姿が気にならなくなってきます。本人の行動を変えるのではなく、周りの見る目が変わってくるのです。

本人が快適な社会生活を送るためのプログラムは、それにより本人を変えるということではありません。場への適応だけを考えてしまうと、変わってくれない本人を否定することになりかねませんが、本人への理解が進むと、利用者と職員の関係にもよい作用がうまれてきます。

5 参加への留意点

参加者は、本人に参加希望があることが前提です。ただし、職員から参加を勧める場合もあります。その際は、就労トレーニングや個別相談の場面を通して、本人が困り感を感じていることが大切です。それをもとに本人と参加理由を共有しておくと、継続の動機につながります。

ただし、参加については、合う・合わないが必ずあることを念頭においておきます。グループワーク自体がとてもつらい人や、言葉のやり取りを中心とする仕組み自体が合わない人もいます。お試し参加を設けることや主治医の意見を確認することが必要です。

Column

「連絡する」が台本にできない !?　　　　　　　　　高橋しのぶ

　ピアスでは従来、利用者の遅刻や急な休みの電話があったとき、本人が全部言う前に「調子はどんな具合なの？」「何時ごろ着ける？」と、職員の側からどんどん聞いていました。それは入所したばかりでも就活直前でも、ほぼ一様でした。

　そのため、CES のプログラムで「連絡する」のテーマで台本作成を行ったとき、参加者の誰からもその場面が出てきませんでした。職員がテーマとなる場面を流してしまっていたのです。

　意識せずに行っている現場の日常を、職場で起こるコミュニケーション上のテーマに沿って棚卸しする必要が出てきました。とはいえ、日常やっていることをストップして行うことはできないので、そのようなことが起こるたびに日常を修正するという後追いが続いています。新しいプログラムを導入するときは、施設全体が変わる覚悟も必要です。

■ 効果をうむためのポイント

　CES は、そこでつくった台本を使うことが効果をうむためのポイントです。そうしないと机上の学習に終わってしまい、本人の自信につながりません。CES の担当職員を始め、チームで台本を使う場面をつくる意識が必要です。また、台本を実際に使った感触を本人に感じてもらうことが大切です。意識して場を設定し、それがうまく回転していくと、台本のやり取りをいろいろなトレーニング場面で実践するという好循環がうまれます。

　CES の担当職員の役割も重要です。就労トレーニングのなかで起きたことが CES で取り上げられるように、そして CES で行ったことが日

常に活かされるように、常に情報や視点を他の職員へ発信していく役割を担っています。ピアスでも、CESの前後には職員共有を積極的に行うようにしています。

一方で、個別担当職員は本人のCESでの気づきや感触を共有し、就労トレーニングや就労プログラムへ反映していく役割をもっています。

■ 就職後のフォローアップCES

CESを使った利用者のなかから就職する人がたくさん出てきましたが、実際働くとなると、職場では訓練のときと異なる場面にたくさん遭遇します。そのため、働きつづけるための対応策として、2013年から月1回の「フォローアップCES」を行っています。このプログラムでは、1回に前述の3つのセッションの要素をまとめて行っています。それは、参加者が基本のプログラムを経験しているからできることでもあります。

フォローアップCESでは、それぞれの職場で困っていることや、今後改善していきたいことをテーマにして、その日に取り扱うものを絞り込みます。とりわけ、全員で誰か一人の課題に取り組むことがよい効果をうんでいるように感じています。本人にとっては、自分が勤める職場特有の環境なのか、共通しているのかなど、視野が広がります。他の参加者にとっては、自分が会ったことのない誰かの上司を想像しながら台詞をつくっていくことは訓練時代にはなかったことで、新しい経験となります。

必要性を感じて始めたプログラムですが、これもまた新しくて有効な手段であると感じています。フォローアップCESの蓄積から、就職後に備えてピアスに取り入れたものもあり、就職前後の双方によい成果が表れています。

9 個別ニーズへの対応 ②家族への支援

　ピアスの就労支援は、利用者への直接支援を基本としています。そのため、利用開始から終了まで家族との接点があまりないまま就職される人もいます。とはいえ、もちろん、状況に応じて家族への支援を行っていきます。あくまでも、原則は本人が経済的・心理的に「自立したい」との思いをもち、その実現手段の一つとして「就職」を志し、そのための訓練に取り組んでいるからです。

　ただし、障害者支援が複雑化・多問題化しているなか、家族や地域の状況をふまえ、より広い視点で多機関と連携強化を図らなければならないのが昨今の実情です。家族と同居する精神障害者の増加とともに、家族の負担が増えている実態もあり、家族支援のあり方にもそれだけ柔軟性が求められています。

1 家族支援の趣旨

　家族と接点をもつとき、伝えるメッセージは就労準備への取り組みの中で「利用者の自立」に向け、今後のことをともに考えてもらうということです。

　家族の立場からすると、本人が激しい病状に苦しんだ時期をともに苦しみ乗り越え、安定して通所できている状況から就職そのものに気持ちが向かうのは自然なことです。しかし、就職した後の長い人生をどうす

るかなど本人に考えていただくことこそが大事であると私たちは考えています。

　将来今とは違う状況が必ず出てきます。就職できたが、難しい事態が生じたときに極力冷静に支援者を頼りに乗り切っていただけるようになるのが理想です。したがって、家族が担ってきた役割を支援者が引き受けていくような家族支援が理想です。

2　家族支援の内容

　家族支援を進めていく上で大事なのは、「本人抜きにしない」ということです。家族と連絡を取るときは、目的と趣旨を利用者本人に伝え、同意を得てから行います。現在ピアスで行っている家族支援は、「家族懇談会」と「家族面談」の2つです。

■ 家族懇談会

　年に2～3回、家族懇談会を開催しています。家族に精神障害を正しく理解してもらうことを主な目的として、①情報の提供、②同じ立場の家族との出会いの場をつくる、③支援者との出会いの機会、が内容となります。

　約40名いるピアスの利用者のうち、家族懇談会に参加する家族は1回あたり平均15名程度です。働いている家族でも参加できるように、平日と土曜日を組み合わせて開催日程を組んでいます。

　家族懇談会の流れは、ピアスでの説明→質疑応答→グループディスカッション（意見交換）→個人面談を基本にしています。配食弁当の試

食も兼ねて食事会を挟んだり、トレーニングしている様子を見学しても
らったりと、趣向も凝らしています。

1 情報の提供

　家族懇談会では、就労支援サービスの仕組みや流れを理解してもらえ
るよう、パワーポイントなどの視覚資料を使って説明します。内容は、
現在の精神障害者雇用の状況や、ピアスの制度上の根拠となる就労移行
支援事業の仕組み、ピアスの支援方針と内容、就職者数や定着者数の実
績などです。

　自分の子どもがどのように就職していくかを理解することで安心感を
もっていただけるとの手応えもあります。また、卒業後の不安を口にさ
れる家族も多いため、情報提供では就職後のサポートについても説明し
ています。

2 家族同士の出会い

　意見交換会は、家族4〜5名が1グループとなり行います。同じ立場
の家族との出会いの場はとても大切です。精神疾患で苦しんだわが子の
ことは誰にでも話せるということはなく、つらい気持ちや出来事、今の
不安や嬉しかったことなどを安心して話せる相手と出会えること、そし
てその気持ちを吐露できる場所があることは大切です。

　最初は初対面でもあり、どなたも緊張していますが、しだいにほぐれ
ていくとさまざまな意見が出てきます。どの家族もうなずきながら聞い
ている様子から、皆同じような悩みを抱えていることに気づかされます。
それぞれが抱えている悩みや孤立感の解消につながっています。

3　支援者との出会い

　顔のみえる関係が家族の安心感につながります。職員にとっても、家族とお会いすることで、深い本人理解につながっていきます。

　意見交換会で話しにくい本人の家庭での様子や心配ごとは個別面接で聞きますが、双方にとって顔合わせは貴重な機会になります。

■ 家族面接

　日時を設定して、家族に来所いただき、「家族面接」を行うことがあります。家族懇談会で話しきれないことがある場合や、トレーニングを進めていくなかで家族の協力を得なければ問題解決が難しいと考えられる場合などです。

　家族から希望される場合は、本人や家族に心配事が発生していることが多いです。参加者は原則として利用者（本人）、家族、支援者（職員）であり、三者が顔をあわせるスタイルとなります。

　重要なのは、中心にいるのは就職を目指す本人で、支援を行う職員、家族は本人のサポーターだということです。親と職員がレールをひいて、利用者がそこに乗っかるというのは、本人の主体的な自立にはつながらないからです。

1　家族面接の進め方

　事前に利用者から家族面接を行うことの同意を得ることが原則です。その際、面接の目的をきちんと伝えます。目的の内容によっては、家族と職員だけで行うことも出てきます。二者で面接を行う理由を伝えて利用者から拒否されることはほとんどありません。

　面接では、家族に少なからず緊張や不安、戸惑いがあると考え、それらの感情に配慮した対応を意識します。主な留意点は5点です。

- 面接は個室などプライバシーに配慮した部屋で行う
- 面接の意図を文書に簡単にまとめたものを渡す
- 記録やメモを取ることについて了承を得る
- ねぎらいを込めた態度、言葉かけを心がける
- 面接時間はおおむね1時間を上限とする

2　本人の家族像にとらわれないこと

　家族面接は、特にキャリアの浅い職員や年齢の若い職員にとって、心理的にも技術的にも負荷は大きくなります。利用者の親である家族の年齢は、職員より高いことが多く、対応時の言葉遣いや振る舞いに失礼がないかなど、配慮しなければなりません。そのため、年配の上司がはじめは同席するなど工夫して経験をこなして学んでいく部分です。

　面接では、事前に本人から語られる家族像と実際にお話をした家族の印象をすり合わせることが必要です。たとえば、事前に聞いていた本人の話から、家族の協力は期待しにくいと感じていた場合でも、本人を実は心配し前向きに協力を申し出てくれることも多々あるのです。

　そして、できれば面接後、本人はどうしてそのような家族像を作ってしまったのかを考えてみます。そのことが本人理解につながっていきます。

3　支援の視点

　ピアスにつながるまでに積み重ねてきた家族の苦労は、計り知れないものがあります。病気を抱えた子への愛情、子育ての悩み、そこから生

まれていった孤独感、苦労などから滲み出る家族の思いは大きく、そこに支援者は思いを馳せる必要があります。

　以前、このような出来事がありました。ひきこもりの兄妹の兄のほうが地域生活支援を経て就職に漕ぎ着けた後、若くして亡くなりました。母親の悲しみは深く、支援者は無力感に打ちひしがれました。この状況を救ってくれたのが妹さんでした。「私も働く」と言い始めたのです。兄の努力した姿、母の愛情や苦労が、妹さんにも新しい力をうみ出していたことを感じました。

　支援者は、このような家族の苦労への敬意を意識・無意識に感じているからこそ、家族との面接等に負担感を感じるのかもしれません。しかし、核家族化が進む状況では、家族とのかかわりは増えていく可能性があります。家族理解を深めるための学習など、不断の努力が必要です。

　一方で、事情があって接点をもちづらい家族もいます。利用者が若年化していくなかで、親自身も若く、生活や仕事で手いっぱいになっている家族もいます。そのような場合、支援者は地域の資源を改めて確認したり、市町村など自治体の公的な支援に目を向けるなど視野を広げると、「本人の自立につながる」新しい可能性が見えてくることがあります。

第 **2** 節

就職支援と
定着支援

就労のための準備訓練が整ったら、次はいよいよ「就職
支援（＝就職するための支援）」の段階です。就職は
できたら達成ではなく、その先の職場定着をおのずと
目的に含んでいます。そのためには「定着支援（＝職場
定着するための支援）」の具体的な手法も不可欠です。
この2つの進め方をみていきます。

1 就職支援の考え方

　精神障害者の就職支援は、ただの仕事探しには留まらないものです。病気の回復、ひいてはその人自身の自己評価の回復にもつながること、また就職することでその人の生活の質がどう変わるのか、どう向上するのかまでも含んだものが「就職支援」です。

1 準備段階の成立

▶ 前提としての準備、自己理解

　いよいよ就職活動を行う。ここへ至るまでには、働くための準備を入念に行っていることが前提となります。前項で紹介した、準備段階としてのトレーニングや就労プログラム、対人スキルの習得などです。

　この準備を丁寧に行わず、一足飛びに就職活動へ進めてしまうと、頓挫してしまうリスクが高くなります。準備のための取り組みは地味ながら大切なプロセスで、この過程を経て、働くために必要な「身体」と、職場で必要な「人間関係へ対応する力」、多少のストレスでは「揺れない強さ」を身につけます。

　このプロセスの重要性は、精神障害が目に見えない障害であるとの側面からもいえます。障害が外から見えづらいため、職場で他者が本人より先に何かに気づいて配慮するのは難しいのが現実です。だからこそ、準備段階に設けたさまざまな取り組みのなかで、自分が持っている仕事

を行うことそのものの力や、仕事以外も含めて自分が何が得意で何が苦手なのか、時間的にまた負荷的にどのくらい働けるのか、そしてどんな職に就きたいのかを明確に「自己理解」しておくことが必要なのです。

この前提条件が成立していないと、目の前にどんなにたくさんの求人情報があっても、就職活動はうまくいきません。

2 就職の意味づけ

▶ 人生の「チャレンジ」としての視点

精神障害をもつ人にとって、就職は大きなチャレンジと考える必要があります。精神障害は病気と障害が併存する障害であると前項で述べました。その病気（精神疾患）を再発させずに働くということは、「病気のコントロール」と「実際の仕事」という2つの仕事を同時に行うことに等しく、そうした状況にない人が自分の身に置き換えて考えれば、大変なことであると容易に想像がつくと思います。

加えて、「働く」ということは、おそらく最も積極的な形での「社会経済活動への参加」になります。その人にとって誇らしいことであるとともに、その積極性に見合ったもの、時として少なからぬ負荷を自らに課すものともなります。ただの仕事探しではなく、本人にとって大きなチャレンジである。支援者はそのことを肝に銘じる必要があります。

▶ 就職が自己評価を回復させる

本人のそのチャレンジは、その人自身の自己評価を大いに回復させてくれます。精神障害者は、病気や障害ゆえ自己評価を下げざるを得ない

現実に多く遭遇します。

　しかし、就職活動を繰り返し、企業という外部の目に晒され、緊張も
して、それでもどうにかして目標を達成しようと取り組むこと自体が新
たな自信を彼らに与えてくれます。ある時ぐっと強くなり、骨太になる。
そして、その後に就職するというケースはよくあることです。ある時ぐっ
と強くなったのは、自己評価が上がった瞬間なのかもしれません。

3 支援の視点

▶ 就職支援はネットワークで行う

　精神障害者支援に限らず、福祉は総じて、さまざまな機能・役割をもっ
た事業所や機関がネットワークをつくって本人を支えていきます。一事
業所が提供できるサービスには限界があり、また一つの事業所が秀でて
いても、関係する機関の力量が総体として高くないと支援の質は上がり
ません。また、障害者を社会全体で支えていくとの広い視点に立てば、
業界全体として一定以上の質を保っている必要もあります。

　就職支援においては、就職活動を開始すると、準備訓練のときに比べ
て外部との接点は格段に増えます。そのため、支援者は外部の関係機関
（ハローワーク、障害者職業センター、その他の就労支援機関など）と
まずつながるということ、そして上手に連携していくことが必要です。

　支援者がいろいろな機関とつながることを意識していくと、就職活動
そのものの質が上がります。関係する機関が増え、それぞれのつながり
が強まるのは、本人の応援団が大きくなっていくことと同義です。本人
の意欲も高まっていきます。

2 就職支援の進め方 ①事前相談

　精神障害者の就職支援で大切なことは、就職活動にかかわる一つひとつのプロセスを本人と確認しながら進めることです。本人が納得していることが就職先とのマッチングや職場定着にかかわってきます。本項より、①事前相談、②アセスメント、③求職活動、④採用決定、の流れの順にみていきます。

　なお、本項以降に紹介する内容は、多摩棕櫚亭協会が国から受託し運営している「障害者就業・生活支援センター　オープナー」の実践活動に基づきます。以後、「オープナー」と表記して進めます。

1 信頼関係の確認

　就職活動を開始する前に、利用者本人との信頼関係を確認します。特に、就職試験の採用面接やその合否など、さまざまな局面に対峙しなければならない就職活動時期に双方の信頼関係は不可欠です。

　就労準備段階の信頼関係は、本人の歩調にあわせた速度での関係づくりです。一方、就職活動期は、外（企業）の速度にあわせる必要が出てきます。求職活動を一緒にしながら、本人が希望する求人と実際の力を照らし合わせ、リスクがあまりに高い場合は、耳の痛い話もしなければなりません。

　そのため、「この人の話なら聞いてみよう」と利用者に思ってもらえ

る関係性が事前に構築されていることが必要です。

2 相談のポイント

1　基本的な事柄を本人と共有

　事前相談で押さえたいのは、まず基本的な事柄（希望職種、勤務条件、職歴、生活歴、訓練歴、就労することへの主治医の意見など）の確認です。

　就職活動では、職員が採用面接に同行し、必要に応じて企業から補足説明を求められることが多々あるので、情報の共有は重要です。また、本人が自分のことをどのくらい理解しているかも確認しておきます。

　具体的には、仕事上の得意不得意や、職場で配慮してほしい事柄、病状が悪化したときの対処の仕方、他者へのSOSの出し方などです。精神障害は目に見えない障害だからこそ、これらを自己理解して他者へ伝えられることが必要です。就職先の合理的配慮にもかかわってきます。

2　関係機関からの情報収集

　利用者に紹介者がいた場合、本人の承諾を得てその紹介者の持っている情報を聞かせてもらうことも大切です。たとえば、もともとは就労継続支援B型事業所など他の機関から利用者が紹介されていた場合、そこから得られる情報（訓練時の様子、病状を崩したときの様子やその対応、家族との関係など）は有用な情報になります。

　本人が実感していることと、外部の第三者が外から見て感じていることの2つがあると、より深い本人理解へとつながり、次のステップ（就職）に進みやすくなります。

3　医療機関との連携

　最後は、医療機関との連携です。事前相談の面接時に、ハローワークに提出する主治医意見書のコピーなど医療情報を持参してもらうことがあります。しかし、これのみでは、押さえておかなければならない本人の医療上の特徴や留意事項が見えづらい場合があります。意見書には就労の可能性が「有」となっているが、なかには就職活動を始めるには時期尚早に感じる人もいます。

　そのように、書面だけではつかみきれない情報については、本人の承諾のもと、外来受診への同行をお勧めします。その人が就職することについて、主治医はどのように考えているか、特に現在の病状やその安定度、病状悪化の引き金とそのサインなどは、この時点でよく確認しておきたい事柄です。

　医療機関へのアプローチについては、いきなり受診に同行しても主治医に時間をとってもらうのは難しく、受診への同席も個人情報保護により困難な状況があると思います。あらかじめ電話連絡で趣旨を伝え、同行して聞きたい内容を簡潔に示せると比較的スムーズです。確認したい内容を手紙にして本人から医師へ渡してもらうなど、工夫も必要です。

図1　事前相談での確認事項

利用者	関係機関（紹介者等）	医療機関
・本人の希望 　（希望職種・勤務時間等） ・職歴 ・生活歴 ・家族との関係 ・事前の訓練歴 ・仕事上の得意不得意 ・職場での配慮事項 ・病状悪化時のサイン ・病状悪化時の工夫や対処法 ・就労への主治医の意見	・紹介機関での本人の様子 ・病状悪化時の様子 ・病状悪化時の対処の仕方 ・本人の希望と実際の力 ・紹介者からみた就労への意見 ＊その他、本人から聞き切れなかったことや客観的な情報など	・就職支援をする際に押さえておくべきポイントと留意点 ・本人の希望と実際の力 ・本人の病気への認識 ＊その他、医療関係者より入手したい情報など 　医療相談室のPSWやOT等とのつながりがあればその情報も得る

▶ 個別性を大枠で確認

　精神障害は個別性の高い障害です。「統合失調症」「うつ病」「発達障害」など病名が違えば対応の仕方は変わり、同じ病名でも学生時代に発病した、就労経験があるなど背景もさまざまです。そのため、事前相談では、大まかな枠組みでもその人の個別の部分を確認しておくことが必要になります。

3 就職支援の進め方 ②アセスメント

　アセスメントの実際に入る前に、このプロセスを就労支援に加えた経緯を説明しておきたいと思います。

　当初、オープナーでは、事前相談をメインに「どのように働きたいのか」を本人と支援者で深め、求職活動につなげる形をとっていました。そのときに重要になってくるのが、その「働きたい」が実際の「働ける」につながっているかを確認することでした。ある程度、就労準備をしてきた方は、そのあたりが整理されており、求職活動までの流れもスムーズです。しかし、そのような方ばかりが相談に来られるわけではありません。相談だけを媒介として、どのように働きたいかを深めていくことは難しく、事前相談だけが延々と繰り返されるケースも出てきました。

　そこで、本人の納得が得られ、客観的に「働ける」を測るものを試行錯誤した結果、アセスメントの導入へ至りました。このプロセスを経ることで、本人・支援者の相互理解も深まり、後々の職場定着にも安定感が加わるようになりました。

1 アセスメントプログラム

　アセスメントは、「ワークサンプル幕張版（MWS）」と、ピアストレーニングを組み合わせてプログラム化し、実施しています。MWSは、障害者職業総合センターが開発した評価・訓練ツールで、OAや事務、実

務にかかわる 13 種類の作業をパッケージ化し、仕事の疑似体験から課題の把握を目的としたものです。ピアストレーニングは、「弁当宅配」「環境整備」「事務補助」の 3 部門を基本としています。

1 日 4 時間、トータル 2 週間取り組んで、実施後の評価を行います。職員は 2 ～ 3 名の複数で行い、見方が偏らないようにします。

○ワークサンプル：
　　事務作業（数値チェック／物品請求書作成／作業日報作集計）
　　実務作業（プラグ・タップ組立／重さ計測／ピッキング／仕分け）
　　OA 作業（数値入力／文書作成／検索修正／コピー＆ペースト）

○ピアストレーニング：
　　厨房・事務補助・環境整備

▶ プログラムの進め方

プログラムは、第 1 週目は MWS を中心に行い、第 2 週目はピアスの授産作業を中心に行っていきます。

1 週目（MWS 中心）は、アセスメントを受ける本人と担当職員の二者関係のなかで仕事を進め、それ以外の人（利用者や職員）とのコミュニケーションはほとんどありません。仕事自体も擬似の事務仕事であるため手順が明確で、不測の事態が起きることはほとんどありません。不確定要素のない職場環境をあえて設定することの利点は、本人の得意・不得意作業が見えやすく、報・連・相などの基本的なコミュニケーションスキルの習得度合いも見えやすいことです。

2 週目（ピアス作業中心）は、実際の仕事である授産作業を通してアセスメントを行います。ここではさまざまな人との接点があるため、不測の事態も起こってきます。こうした職場環境を設定するのは、本人の臨機応変さやその状況に対するストレスの受け方、周囲への SOS の出

し方、調子を崩したときの対処の様子を確認するためです。アセスメントは、「休まず通うことはできるか？」「その人の得意な作業、不得意な作業は何か？」「その人に通りやすい説明の仕方は？」「仕事で失敗したときの受け取り方や対応の仕方は？」など、職場に行ったときにポイントとなる事柄を念頭におきながら行います。それらを書式にまとめたものがアセスメント実施表です（**図2**）。

　ここで注意したいのは、アセスメントは就職のアンマッチングなどを解決してくれる万能薬ではないということです。面接相談だけではどうしても埋まらない本人と支援者との認識のズレなどを埋めるものの一助にはなります。「アセスメントありき」と決めつけず、そのケースに応じた柔軟な対応が必要となります。

▶ 目的の明確化

　大切なのは、「なぜ、この時期にアセスメントを行うのか」という目的をはっきりさせておくことです。本人がその必要性やそれにより何を明らかにしたいかを理解していないと、ただの支援者側の評価ツールになってしまいます。そうならないためには、事前に目的を丁寧に伝え、これは就職を順調に進めるための工程として重要であることを理解してもらうことが必要です。

　また、課題を把握するためとはいえ、アセスメントは利用者に相応の負荷をかけます。もし、本人の力をより的確に知るためにさらに負荷をかける場合は、「なぜ、その負荷をかけるのか」という意図を伝え、そこへ配慮した支援者の力も問われます。

図2　アセスメント実施表

アセスメント実施表

氏名	○○　○○○さん				
実施期間	○○年　8月　20日（月）〜　8月　31日（金）　10:00〜15:00				
実施目的 及び ご本人の 意向	①どのくらい仕事ができるかを実感したい				
	②自分の仕事の得意不得意が知りたい				
	③コミュニケーションの取り方（報連相）がきちんと出来ているか評価・アドバイスしてほしい				
スケジュール	8月20日	8月21日	8月22日	8月23日	8月24日
内容	ワークサンプル （数値チェック）	ワークサンプル （物品請求）	ワークサンプル （組立）	軽作業	ワークサンプル （作業日報）
	ワークサンプル （OA数値入力）	ワークサンプル （OA文章入力）	ワークサンプル （計測）	ワークサンプル （OA検索修正）	ワークサンプル （OA コピー＆ ペースト）
担当	○○/○○	○○/○○	○○/○○	○○/○○	○○/○○
スケジュール	8月27日	8月28日	8月29日	8月30日	8月31日
内容	事務補助	事務補助	厨房		ワークサンプル （　　　　）
	環境整備	環境整備	厨房		ワークサンプル （　　　　）
担当	○○/○○	○○/○○	○○/○○		○○/○○
備考					

▶ 病状面の特徴、傾向を押さえる

アセスメント実施期間のなかで「その人の病気をより深く押さえる」ことも重要です。アセスメントというと、作業面や職場でのコミュニケーション面に目がいきがちですが、実際に就職した後に問題になってくるのは、多くがその人の病気から生じてくる問題です。

そうはいっても、2週間で仕事のなかで生じてくる病状の変化などを把握するのは難しいため、事前相談の面接などで、病気に関するエピソードをよく聞いておくことが必要です。一見、症状がほとんどないようだが、実は幻聴や被害妄想が強く残っている人や、逆に見た目の印象と違って症状の安定している人など、その人の病状をつかみます。

▶2 フィードバック

アセスメント終了後は、フィードバック表（**図3**）を使い、本人に結果を伝えます。この書式は、実際行った作業への振り返り（1ワークサンプル課題遂行結果）、それを通じて見えた仕事に必要な要素（2作業面課題抽出、3生活面課題抽出）、そして最後に2週間で見えてきたその人の全体像（4今回のまとめ）の4構成となっています。

このとき大切なのは、これらのフィードバックを本人の腑に落ちるように行うことです。アセスメントは支援者側からの一方的な評価ではなく、今後の就職活動の足がかりになることこそが重要です。事実を伝えつつも、「作業ができた・できなかった」の結果ではなく、本人が自分の力をトータルにつかみ、ここを踏み台にしてもらえることが大切です。

3 企業実習への活用

　ここでいう企業実習は、就職を前提とした職場実習ではなく、アセスメント同様、就職活動に向けて当事者・支援者双方が理解を深めるためのプロセスとして活用するものです。上述のアセスメントは、職員が実施するので体制さえ組めば速やかに実施できますが、実際の職場で働いた様子や緊張感、さらに企業から見た就職への課題を知る点では不十分です。

　そこで、可能であれば、企業実習を活用することをお勧めします。仕事内容や勤務時間、実習期間は、協力を得る企業の受け入れ体制により違いますが、本人にとっても企業の空気に触れ、さらに多くの気づきのチャンスとなります。

　このアセスメント、企業実習の結果は、その後「本人がどのように働きたいのか？」を考えるのにとても有効なものです（**図4**）。支援者はこれを本人と共有し、具体的な内容へとつなげていきます。

図3　アセスメントフィードバック表

障害者就業・生活支援センターオープナー

アセスメント期間
評価表　まとめ

| 対象者　　○○　　○○様 |

アセスメント期間　　　　H○○年　　○月　○日　～　　H○○年　　　　○月　○

1、ワークサンプル課題遂行結果

	作業傾向・特性
数値チェック	初回指示だけでは手順をつかむのが難しい様子で、何回か質問される場面がありましたが、慣れてくると作業はスムーズでした。報・連・相に関しても同様で、慣れると問題ありませんでした。
ピッキング	作用の一連の流れをつかむまでは多少時間がかかるようです。途中、スタッフが作業が進みやすい方法を提案すると、そちらを取り入れて作業されていました。
物品請求	作業自体は問題なくこなされていましたが、指示をその都度確認することが多かったようです。指示を受けた際、メモを活用すると作業の進め方がよりスムーズになると思います。
仕分け	2種類の配達先の仕分け体験をしていただきました。数字が多いものだと、「無機質な感じで、頭が真っ白になりました」と戸惑われる場面がありました。一方、漢字が多いものについては効率よく作業されていました。途中から、「数字を後回しにして、やり易いものから仕分する」などの工夫をされ、自分で改善策を探されていました。
作業日報	他の作業に比べて、全体のイメージをつかむまでに時間がかかったようでした。特に、苦手な数字を扱うことが多かったため、苦労されている印象を受けました。見本を提示するとイメージがつきやすく効率も上がっていきました。
プラグ・タップ組立	普段使わない工具を使った作業だったため、ミスしないことを第一に、ゆっくり作業を進めていました。
計測	作業を進めながら、感覚をつかみ計測されていました。ただし、両手を使わず作業をされ、途中、計測している砂をこぼしてしまう場面がありました。
OA	ワード入力は問題なくできていましたが、エラー表示に対し「入力したのに何で？」と話される場面がありました。スタッフと入力後の確認が十分でないことを共有し、確認作業を一連の作業の中に入れることを提案し取り組んでもらいました。
その他	厨房:指示通りの作業をされ、ミスしたときの報告もされていました。しかし、今回はスタッフとの一対一の仕事が主だったため、周りに合わせて自分が動くという場面は提供しませんでした。今後はそのような体験も必要になってくると思います。事務補助:「報連相」の仕方などを事前に説明すると、その通りに実践されていました。今回は基本作業のみの体験でしたが、今後は時間制限があるものや同時並行のものなどの体験をお勧めします。

2、作業面課題抽出

A 道具の使い方・準備・片づけについて

仕事をやりやすくする場作りがあまり得意でない印象を受けました。道具の配置や作業空間の使い方をもう少し工夫されると、作業効率もアップすると思います。

B 指示理解・指示記憶について

言葉だけでの説明ではイメージがつきづらいようでした。見本など視覚で理解できるものを補完されるといいと思います。また、今回はメモの活用がありませんでしたが、メモの取り方を練習して取り入れてみるのも指示理解・記憶の促進になると思います。

障害者就業・生活支援センターオープナー

C コミュニケーション・報連相について
「報連相」を始めとした「仕事上のコミュニケーション」については、初めて体験することが多かったようです。今後は仕事上のコミュニケーションについても練習されることをお勧めします。
D 工夫・エラーの改善
作業中のエラーを過剰に受け止めてしまう場面がありました。その後の改善はきちんとされているので、エラーに慣れていくことも必要かと思います。
E 体のつかいかた
片手で計量をし、計量物をこぼしてしまう場面が見受けられました。体全体を使って作業をすることを意識して作業されるといいと思います。
F その他
特にありません。

3、生活面課題抽出

A 身だしなみについて
特に問題ありません。
C 疲れの管理・ストレスコントロールについて
アセスメント期間中、疲れた様子がありました。とにかく頑張って期間中を乗り切った印象ですが、今後は頑張るだけではく、疲れやストレスをコントロールしていく方法を身につけていくことも必要だと思います。
D 服薬、病状・障害への理解と対応について
今回の２週間ではここを深めることはできませんでしたが、体験を通してご自分の病気や障害への理解をより深める機会を持つことをお勧めします。
E 社会性
アセスメント期間中は特に問題ありませんでした。
F その他
特にありません。

4、今後の就労のイメージ

アセスメント期間中は休むことなく通われ、ここまで続けてきたリハビリテーションの成果はきちんと現れていると思います。ただし、就労を考えた場合には、さらに経験や体験を積まれる事が必要になってくると思います。この結果を上手に使い、もう一度課題や方向性の整理をされる事をお勧めします。

5、今回のまとめ

この２週間から見えた A さんの就労へのセールスポイントは… ①休まず通うことができる ②仕事に慣れると効率を上げることができる ③ミスへの改善力がある 一方、準備が必要なことは… ①「働くこと」を想定した体験を増やす ②自分にあった働き方や環境を考える ③職場でのコミュニケーション（報連相）を身につける　　等です。 このようなことを参考にしながら、今後の就職活動の計画をご検討ください。

(記入者：●● ●●●)

図4　企業実習のフィードバック表

記入例

実習評価表

所属機関	就労移行支援事業所ピアス	実習者	○○　△△
実習期間	平成27年6月1日（月）～6月5日（金）	企業名	株式会社　□□□□
実習内容	書類整理・入力	評価者	人事部：☆☆　○○

（4：就職のセールスポイント　3：就職に支障なし　2：若干改善が必要　1：大幅な課題の改善が必要）

項目		評価（4段階）	担当者のコメント
マナー・人間関係	体調管理	4	体力的な疲労、精神的な疲労について具体的に気づくことが大切です。
	時間を守る	3	出勤時間、休憩時間を守ることができていました。時計を見ながら作業できていました。
	挨拶	3	（教えてもらったとき）ありがとうございます、（ミスしたとき）すみません、を伝えると良い印象になります。
	身だしなみ	3	シャツのしわ、ネクタイの汚れなどに注意しましょう。
	言葉づかい	2	時折、適切ではない言葉づかいになっていました。結論から先に話すように意識しましょう。
	協調性	2	周囲との連携が大切です。マイペースにならないように心がけましょう。
	環境変化への対応	3	慣れない環境の中でも落ち着いて作業することができました。実習を通して自身を知ることは今後、役に立つでしょう。
	感情のコントロール	4	焦りや不安が表情に出ているときもありましたが、余裕のあるときは穏やかな表情でした。
業務能力	作業意欲	2	返事の声が小さいと、意欲がないと思われてしまうので、気をつけましょう。
	働く場でのルールの理解	3	基本的なルールは遂行できていました。会社の備品や個人情報の取り扱いは慎重にしましょう。
	報告・連絡・相談	2	質問内容をまとめてから、質問しましょう。「今、よろしいですか？」と声をかけるタイミングを意識しましょう。
	出勤状況	4	休むことなく通勤できることはとても大切です。
	指示理解力	3	明確、順序立てた指示で正確な理解ができます。見本を見せると、理解度がアップしました。
	集中力	4	同じ作業の繰り返しでも集中力を切らさずに、作業することができていました。
	作業の習熟度	3	単純作業の反復で習熟度が高まるようです。丁寧ですが、やや作業速度は遅めです。

4 就職支援の進め方 ③求職活動

　次はいよいよ求職活動です。このとき支援者（職員）が心掛けたいのは、利用者を置いてきぼりにしないことです。

　求職活動の段階に入ると、支援にはスピードが要求されます。求人情報を集めたり、ハローワークとの調整を進めたりと、支援者の仕事も一気に増えます。目の前に就職したい本人がいれば、早く仕事を見つけなければと支援者も思いがちです。

　しかし、精神障害者の就職支援で大切なのは、本人が納得しながら進んでいくことです。求職活動についても、利用者と支援者の双方が歩調をあわせて歩んでいく必要があります。支援者は、安心して歩みが進められるように見守りつつ、時にはスピードを上げ、時には下げ、伴走者としてペース配分をしていきます。そのなかで利用者は試行錯誤しながら自信をつけていきます。その力が就職後の強さとなり、働き続けることにつながっていきます。

1 求職の開始

▶ 話し合いを重ねた仕事内容で探す

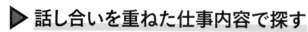

　求職活動の進め方の一例として、ハローワークを取り上げます。特に障害を開示して働く場合は、ハローワークの専門援助部門に登録し、求職活動を行っていきます。支援者は本人に同行し、希望する職種や労働

条件を元に仕事を探していきます。この前提として、本人と求人内容について話し合いを重ねておくことが必要です。「どんな仕事がしたいのか」「どのくらい働きたいのか」「どこまで通勤できそうか」など、本人の希望と現実をきちんとすりあわせ、具体的な求人をイメージしておきます。

　求職活動に入ると、実際の求人情報を目の前にするため、本人の就職したい思いはさらに上がっていきます。そのため、時として、希望していた職種や条件から大きく外れる仕事に応募しようとされることがあります。そのようなときは、希望条件をまとめた経緯を思い出してもらいながら、なぜそのように結論したのかを再確認する必要があります。

▶ ハローワークとの情報共有は密に

　ハローワークを利用する際は、本人の情報をハローワーク職員と共有しておくことが大切です。希望の職種や条件はもちろんのこと、本人のアピールポイントや課題になりうると予想されること、雇用事業主に配慮してほしい事項などを、詳しく伝えておくとよいと思います。本人像がより具体的に伝わり、ハローワーク職員から本人にぴったり合う求人の紹介や、支援者が同行しなくてもハローワーク職員と本人で求人検索を行うことが可能になります。

　実際の求人活動は、各機関と連携を取りながら行うと、支援者の負担も減り、効率的でスムーズに進みやすくなります。

▶ 方向転換も行い、モチベーションを保つ

　一方で、求職活動は長期戦になることが多いです。そのため、要所要所で支援者は求職活動の進捗を確認し、軌道修正を図っていくことが大切です。特に、最初に決めた希望職種や条件では就職につながりそうに

ない場合などは、職種を変更したり、可能な範囲で職域を広げたりと、何らかの対応をすることが必要になってきます。本人と決めた条件からぶれないことが大切な一方で、本人の希望や力を考えて条件を見直してみるバランス感覚も支援者には求められます。

条件を見直す際は、どのあたりがうまくいっていないのかを本人と振り返り、思いを汲み取りながら、本人が納得して方向転換できるようにしていきます。求職期間の長さにモチベーションが下がらないように、本人を励ますことも支援者の大事な役割です。

▶2 採用面接の練習

就職試験に応募し書類選考に通ると、多くの場合、採用面接を受けることになります。これに備えた準備が必要です。採用面接の場面では、本人が今まで深めてきた自己理解を他者にわかりやすく伝えるスキルが必要になります。また、その場で感じたことをわかりやすく言語化できることが求められます。

精神障害者は真面目で努力家の人が多い一方で、臨機応変な対応や急な対応は苦手とされる人が多く、練習を繰り返すことが大切です。

▶ 問答集を活用し、本番に備える

オープナーでは、採用面接を想定した問答集を作成し、採用面接の練習に使ってもらっています（**図5**）。この質問の数々は、実際の採用面接に職員が同行するなかで集めた実例のサンプルです。

すべての質問が面接で問われるわけではありませんが、どのような質

問が来てもある程度対応できるように用意しておきます。特に、病気や障害に関する質問（L～R）は、その人が自分の病気や障害をどのくらい理解しているかわかるもので、企業が一番知りたいことです。

また、自分のセールスポイントにかかわる質問（S、T）は、どのような訓練を重ねて、どんな力がついたのかなど、今持っている力をアピールできるものです。そのため、これら二つは特に力を入れて準備しておきたいものです。

まずは、この問答集を使って、面接に臨むことを想定した各自の台本をつくります。

▶ 台本を作り、リハーサルを重ねる

次に、台本がある程度できあがったら、面接場面を設定して練習をします。「視線は合っているか」「ハキハキとした口調であるか」「いい印象を与える表情をしているか」「適切に答えられているか」などを頭に置きながら、面接のロールプレイを繰り返します。必要であれば、その場面をビデオ撮影するなどして、本人がより自分の姿を客観視できるように工夫していきます。

面接練習の後は振り返りをし、よかった点やもう少し練習が必要な点などを職員と共有しながら面接スキルを上げていきます。言葉とその表現が自分の体に馴染むまでリハーサルを重ねます。

図5　採用面接想定問答集

【基本】

A：あなたの自己紹介をお願いします。

・名前、年齢、居住地、現在行っている日中活動、性格、趣味などを組み合わせて 30秒ほど。
※自己紹介は簡潔に行う。病気について事細かに話す必要はない。

B：なぜ、この会社を選んだのですか？（数ある中でこの会社を選んだ理由？）

・HPをみて事前に会社情報を調べておく。自分の興味ある分野であることの理由を伝える。
・業務内容、通勤、時間帯などから自分の選んだ理由を伝える。

C：この会社までは、どのようなルートで通勤できますか？　通勤時間は？

・簡単な交通経路とそれにかかる時間を伝える。
※時間を伝えることが大切。
※会社は通勤時間が長いことを懸念する。1時間以上かかる場合には大丈夫である根拠を伝えるとよい。

D：なぜ、この業種を選んだのですか？

・ピアスの経験、過去の職歴から作業適性を伝える。客観的な意見もあればなおよい。
※過去の経験だけではなく、今の実績で話をする。

E：入社後、どのような業務内容に就きたいか？

・やる気を伝えるために考えておき、自分の得意なことをアピールをする。
※意外とよく聞かれる。

F：希望勤務時間数　時間延長が可能か？

・求人票から希望の時間帯、スタート時の時間数、最終的に何時間働きたいか考えておくとよい。

G：あなたのセールスポイントを教えてください。

【自分の生活について】

H：仕事のないときは、普段どのように過ごされていますか？

・休日の過ごし方、趣味や好きなこと、休息の取り方など休日の過ごし方を伝える。
※ストレスを溜めこまないか、リフレッシュができる人なのかが実は重要。

I：前職を退職した理由はなんですか？

・体調を崩した原因があれば伝え、今は大丈夫であることをわかってもらうために対処法も伝える。
※相手のせいにしない（上司が悪かったなど）。会社の事情があればそれは伝えてもよい。

K：訓練の説明と身についたこと

・訓練内容を簡潔に。身についたことを要素で伝える。
※施設用語を使わない。

【病気について】

L：あなたの病気について説明してください。

・診断名を伝え、自分の症状を伝える。
※医学的なことではなく、自分の症状として自覚しているものを伝える。言葉選びは重要。

M：発症のきっかけは？・初診はいつですか？

・発症の原因になったこと、その時の症状を伝える。

N：通院・服薬について？・手帳の等級？

・通院の頻度と曜日を伝える。手帳の取得時期、等級も聞かれることもあるので確認
しておく。

O：主治医・家族から働くことに対してのアドバイスはありますか？

・主治医から時間数や業種、環境等のアドバイスがあれば伝える。家族から得られる
協力など。

P：症状がでるときは、どのようなときですか？（例：悪化のサインは？）

・原因となる環境や作業内容、人間関係など具体的に伝える。
※あくまで職場のなかで起こりうることに限定する。

Q：症状が悪くなったときはどのように対処していますか？

・自分で行っている対処と協力してもらいたい対処を伝える。
※欠勤や遅刻早退は最終手段。業務時間内にできる対処を身に付けておく。

R：体調のことで会社に配慮してもらいたいことはありますか？

・業務内容、環境調整、指示の出され方、コミュニケーション面等。
※配慮は最終手段。取り組んでどうしても出来なかったことを配慮とする。

【仕事について】

S：仕事をするうえでの得意・不得意はありますか？

※B・Cに絡めて話すことも可能。しかし、自己評価だけではなく、客観的評価や根拠のある
内容について伝える

T：働くにあたり、自分で努力していることは？

・会社で頑張ること、自分を雇うことで会社の利益になることを伝える。
※配慮を求める分、頑張ることも求められる。会社は利益になる人を雇う。

U：就職後の支援機関の使い方について？

・オープナーでの面接頻度、相談内容などについて伝え、支援機関をつかい続けること
を伝える。
※会社は支援機関を使うことで安心する。

3 採用面接における支援者の役割

　本人が面接の練習を重ねる一方で、支援者は採用面接においてどんな役割が求められるのか、それを整理します。

1　客観的な裏づけをする

　面接の主役はあくまでも本人であり、支援者が前面に出ていくことはまずありません。ただし、本人が質問に答えた内容について、客観的立場から見てもそうであるという、本人の発言を裏づける役割を担う場合があります。

　たとえば、本人がアピールポイントとして「休まず働く体力があります」と話した場合に、「この方は就労トレーニングを2年間休まず通われていました」と言い添えることがあります。企業側の理解は深くなりますし、本人も安心です。

2　本人が伝えきれないことを補完する

　本人が伝えようとしてうまく伝えきれなかったことや、伝え忘れたこと、うまく答えられなかったことがあった場合、支援者が補完する役割を担います。

　特に、雇用事業主の合理的配慮にもかかわる事項を本人がうまく伝えられない場合は、支援者が代弁することが必要です。たとえば、「短時間勤務からの開始」や「作業指示者の統一」などの事項です。

　さらに、認知面の障害ゆえに「相手の言葉を間違って受け取る」「ちょっとした相手のしぐさから自分を嫌っているのではないかなどと受け取っ

てしまう」など、企業があらかじめ知っておいたほうがよい対人面の特性なども言い添えたりします。

3　本人に安心感を持ってもらう

本人は入念な準備をして採用面接に臨んでいます。その成果が十分に発揮できるようにサポートすることは、支援者の役割です。

そのため、可能な限り面接に同行し、本人に安心感を持ってもらいます。「何かあれば助けてくれる人がいる」、この安心感は面接への緊張を何よりも和らげます。「隣にいてくれたから、安心して面接を受けられました」、面接後に本人からよく聞く言葉です。この安心感は、本人と支援者のその後の信頼関係にもつながっていきます。

5 就職支援の進め方 ④採用決定

　求職活動を行い、就職試験で最終選考の面接も無事に通り、採用が決定しました。努力が報われたと、本人も支援者も喜びはひとしおでしょう。でも、そこで気を抜いてはなりません。よい形で就職するためにも、採用決定後の支援が重要です。

1 本人への支援

1 最終の意思確認

　本当にその会社に就職してよいのか、迷いはないのかを本人から確認します。採用が決まった喜びは大きいですが、いったん就職を決めればそこで働き続けることになります。本人への意思の確認が第一にすることです。

2 勤務開始日、入社手続きの確認

　勤務開始日や入社に関する諸手続きの確認をします。特に初出勤の日は企業とのやり取りも多いため、支援者も同行できるよう日程調整を行います。これは本人の緊張を和らげるためにも必要です。

　入社時にジョブコーチを依頼する場合は、ジョブコーチと会社の顔合わせも併せて行えるよう調整します。出勤に利用する交通機関や、精神科の外来日の確認なども、このタイミングに本人と行っておくとよいで

しょう。

3 入社手続き以外の諸手続きの確認

就職が決定すると、入社手続きの他に、国民健康保険から社会保険へ保険の種類が切り替わる場合があり、それに伴う自立支援医療の変更手続き等が必要な人もいます。その場合は、本人に役所等への手続きについて伝えておきます。

4 複数の企業がかかわってくる場合の調整

採用が決定した企業以外にも就職試験に応募している場合、複数の企業から採用通知を受ける可能性があります。最も希望にかなった就職先を選ぶため、返答を一時保留するなどの交渉は、本人とも相談し支援者が行うようにします。また、すでに企業に就職している人が別の企業へ転職する場合も、現在勤めている企業への報告や手続きの確認などを必要に応じてサポートします。

入社が決まる前後の時期は、それに伴って必要となる事務手続きや連絡調整がけっこう多いものです。その対応を本人が洩れなく行えるように支援します。

2 企業への支援

本人への支援を行う一方で、就職先の企業との細かい打ち合わせもこのとき同時進行で行っていきます。

1 希望する支援を確認する

採用の決定後は、企業も支援の対象となります。ただし、主役はあくまでも就職する本人と雇用する企業であり、支援者が出過ぎるのはよくありません。そのため、その企業がどのような支援を望んでいるかをこの時点で聞き取っておきます。

企業は、障害者雇用に経験も自負もあるところから、障害者を雇用したことがほとんどないところまでさまざまです。それぞれの意向に添いながら、支援の内容や就職初期の支援者の訪問頻度などを決めていくことが大切です。

2 支援機関として今後行える支援を伝える

利用者の入社時にはニーズとしてあがっていないことがあとから表面化することがあります。しかし、この時点で起こっていない問題に対し何かを準備するのは難しいことです。そのため、支援機関として今後行える支援の内容について、あらかじめ企業側に伝えておくと先方は安心されます。

3 本人ができること、企業が求めていることを確認する

企業の求人票に載っている業務内容は、採用後に柔軟に対応できるように大枠で示されていることがあります。そのため、本人ができることと企業が求めていること、さらに職場で得られる就労上の配慮を整理し、企業側とそれらを確認し合えるのが理想です。特に仕事の内容が漠然としている場合は、調整が必要です。

3 ジョブコーチ支援

　就職支援を丁寧に行うために有効な一つが職場適応援助者（ジョブコーチ）支援（以下、ジョブコーチ）です。就職する本人と企業の双方が対象となり、ジョブコーチが実際の職場へ入っていき、直接支援を行うのが特徴です。本人の職場適応がスムーズに進むよう、相談への対応や提案を行っていきます。

　ジョブコーチには、社会福祉法人などに所属しながら役割を担う「訪問型」、地域障害者職業センター等に在籍し依頼を受けて派遣される「配置型」、就職先の企業が直接配置している「企業在籍型」と種類があります。役割自体は同じですが、企業在籍型の場合はその担当者と送り出す側の就労支援事業所の職員が連携・協働するなど、支援の進め方はさまざまです。

　ジョブコーチが具体的にどのような支援を行うのかを、オープナーの実践例から紹介します。

▶業務マニュアルの作成

　ジョブコーチの支援の重要な1つが業務の手順をわかりやすくつくることです。たとえば、印刷機などOA機器を使う業務の場合、使い方の手順を分解し、行為ごとに番号をふって列挙します。対象者によっては、文字だけでなく写真を取り入れるなど、その方に合わせたマニュアルを作成します。

▶ 手順を整理できるツール作成

　仕事のなかでは、業務に関する説明を受け、その業務の進め方を自分で考える状況も出てきます。そのときに使えるツールを作成し、うまくいかない状況があれば、そこを改善するための助言等を行います。

　たとえば、作業全体についてメモが取れ、それを自分で手順に落とし込める人と、そうでない人とでは、導入するツールは違ってきます。その人の特性や作業能力にあわせてツールを作成し、仕事への適応を進めていきます。

▶ 業務全体の管理支援

　単一の業務の実施ではなく、仕事全体として漏れがないかや、1週間という単位で確認すべき業務の進行などを調整し、それぞれの優先順位も付けて業務を管理することも求められます。職場の状況から突発的に生じる業務もあるでしょう。

　それら全体にかかわる日程管理や業務の遂行度をチェックできるようにするツールの作成やその使用における相談対応も、ジョブコーチに期待できる役割となります。

▶ ナチュラルサポートの形成

　ジョブコーチの支援が集中的に行われるのは、おおむね入職後2〜4か月です。ジョブコーチは、その間に行ってきた支援を企業側に引き継いでもらえるようにします。本人への支援は、終盤になると業務マニュアルなどの作業支援は減り、体調管理を始めとしたセルフコントロールなど、働きつづけるために必要な事柄への支援が中心になってきます。

　業務日誌はその1つです（**図6**）。仕事の疲労度や緊張度の項目に記載されるのは、本人とジョブコーチの間で不調のサインとして確認して

図6　業務日誌

業務日誌　　　　事業所確認　　　印

月第　　週	日	月	火	水	木	金	土
睡眠時間　前日の就寝時間	：	：					
睡眠時間　本日の起床時間	：	：					
夜に頭が冴えてしまう	有・無	有・無	有				
疲労度	％	％	％	％	％	％	％
緊張度	高い 普通 低い	高い 普通 低い	高い 普通 低い	高い 普通 低い	高い 普通 低い	高い 普通 低い	高い 普通 低い
気分変調	有・無	有・無	有・無	有・無	有・無	有・無	有・無
服薬	朝・昼・夕・就寝前	朝・昼・夕・就寝前	朝・昼・夕・就寝前	朝・昼・夕・就寝前	朝・昼・夕・就寝前	朝・昼・夕・就寝前	朝・昼・夕・就寝前
頓服（眠剤）		有（　錠）	有（　錠）	有（　錠）	有（　錠）	有（　錠）	有（　錠）
落ち着かない時の頓服	回 合計　錠	回 合計　錠	回 合計　錠	回 合計　錠	回 合計　錠	回 合計　錠	回 合計　錠

> 疲労度の基本は70％です。
> 80％以上が1週間続くと、気分が落ち込みやすくなり、突発的なお休みになる可能性があります。
> 疲労度を下げる方法としては、総務課の方との面談での解決や支援者との面談で解決することができます。

同僚との付き合い方について、心配ごとや相談したい事などがある　　ある　・　なし

仕事の焦りがあった　＜　午前　あった　・　なし　午後　あった　・　なし　＞

事業所・ジョブコーチからのコメント

きたものです。

　これらをうまくコントロールしていくことが、仕事を続けるためのポイントとなり、本人と企業がこの作業を行えるよう、具体的なツールを用いて支援していきます。

　一方、企業への支援は、本人理解をより深めることができるものへと切り替わっていきます。たとえば、今までジョブコーチが行ってきた支援内容や、本人が配慮してもらいたいこと、また本人の仕事上やコミュニケーション上の特性などをさらに詳しく伝えていきます。このように情報を伝えながら、職場内に本人を支える体制（ナチュラルサポート）が構築されるようにしていきます。それが本人の働きやすさにつながっていきます。

▶ 企業への業務の切り出し提案

　主には、障害者雇用の経験が少ない企業や、雇用する障害者の数やその時間数を増やす企業に対し行っている支援です。

　ジョブコーチが職場に出向き、切り出せる可能性のありそうな作業を一つずつ挙げていきます。そして、作業内容や業務の遂行に必要な要件、切り出した業務の頻度や時間数、そこで働くことが予想される当事者とのマッチングなどを検討していきます（**図7**）。最終的に雇用が可能かどうかを企業とともに確認し、企業が抱いている不安など相談にものります。

　本人が職場で無理なく働けるようになるためのジョブコーチの支援は、離職を防ぎその後の就労定着につなげる重要なものです。特に就職初期に上手に活用したい社会資源です。

図7 業務の切り出し提案

B社製造工場での作業整理票

作業名	内容	要件1（身体負担）	要件2（理解・判断）	要件3（対外的なコミュニケーション）	要件4（資格・スキル）	時間・頻度	Aさんの従事可能性
材料の発注	業者との折衝、発注書の作成、発注先への連絡	不要	必要	必要	PC操作	3～4時間/週	×
材料の管理	購入した材料を、資材庫とPCにより管理する	不要	不要（一定の基準がわかれば）	不要	PC操作	1時間/1日	○
図面の作成・管理	受注業者の依頼に応じた図面や工程表の作成など	不要	必要	必要	必要	終日	×
製造ライン①	NC旋盤等を利用した加工	ややあり	機械操作などの専門の知識が必要	不要	必要	終日	×
製造ライン②	部品の穴あけや研磨加工	ややあり	図面の理解と判断が必要だが、部品ごとに実際のやり方を示せば不要	不要	スピードを要する（部品と納期による）	終日	△
検査作業	製品の検査	不要	図面の理解と判断が必要	不要	・最終確認のため責任を伴う	終日	×
出荷作業①	検査に合格した製品を梱包材へ入れて出荷する	ややあり	受注書との照合や出荷伝票の作成と判断をする	不要	・スピードを要する ・フォークリフトが利用できればなお可	終日	×
出荷作業②	梱包材の組立または通い箱の準備と箱詰め作業	ややあり	受注書との照合や出荷伝票の作成に判断を要する	不要	不要	梱包・出荷の合間に実施 一人あたり30分/1日	○

6 就労定着支援の考え方

　私たちは、ピアス（通所授産施設→就労移行支援事業所）を立ち上げて9年後の2006年、国の委託を受けて「障害者就業・生活支援センターオープナー」を開所しました。オープナーは、就職活動と定着支援を目的とした機関です。

　この立ち上げを決めたいちばんの理由は、就労の準備支援、ならびに前項までに紹介してきた就職支援だけでは、精神障害者の就労支援は完成しないと考えたからです。このことを、私たちはピアスの卒業生たちに教えてもらいました。就労定着支援の基本的な考え方は、そこを出発点としています。

1 定着支援の趣旨

▶ 働き続けることを視点においた支援

　就職して数年が経ち、やっと仕事にも慣れ、職場にも慣れていきます。それが何らかの変化、たとえば上司の異動や仕事内容の変更など入職時とは違った状況に見舞われます。こうしたことは、就職すれば普通に起こってくることです。しかし、それらをきっかけとして、せっかく心身の状態が安定した卒業生が再度不安定になるということが次々と起こってきました。ピアスの準備訓練を経て強くなった卒業生たちでしたが、いろいろな形で常に変化していく職場は、彼らが身につけた強さを

上回って、さらに強くなることを求めてきたのです。

このとき、就職という突破口を開いただけではダメなのだ、働き続けることを視点においた支援が就労支援では必要なのだということを痛感したのです。そうして誕生したのが「オープナー」です。このことは、就労を望む精神障害者をエンドレスな支援で支えていくとする支援者側の覚悟の現われでもありました。

▶「勇気ある撤退」も選び取れること

就職支援の項で、精神障害者にとって就職はチャレンジであると述べたことは、むろん就職した後のことにもかかわってきます。いえ、就職した後こそ、チャレンジに満ちているといえるかもしれません。

その成果として、活き活きと幸せな人生を歩みだした精神障害者はたくさんいます。しかし、これは「適度」であることが必要です。時として、撤退する勇気（＝働くことから退く）が求められることもあります。

なぜかといえば、精神障害者の場合、就職にチャレンジできるのも、活き活きとした生活が送れるのも、病気の安定があってこそだからです。仕事を辞めることは、本人にとって、また支援者にとってとても残念なことです。しかし、病気を悪化させないことが何より大事です。これは鉄則です。

就職後、無理をして働き続け、病状を悪化させて再発・再入院に至ったケースを私たちは見てきました。再入院は、それまで時間をかけながら丁寧に積み上げた職業準備性のピラミッドを根底からひっくり返します。再度、元気さを取り戻すには、数年単位の期間を要します。

就労にチャレンジすることは、そのくらい本人にとっては大きな、人生の一大イベントなのです。だからこそ、支援者はちょっとした調子の波の変化や、勤務条件が変わるとき（特に勤務時間が延びるとき）の負

111

荷の具合、職場や家庭内で起こっている変化などを注意深く見守っていなければなりません。仕事を続けていくのが難しいと思われたら、病気が悪くなりきらない段階で、本人に納得してもらいながら、仕事からの撤退を考えることが大切です。

病気を悪くしきらないということは、言い方を換えると、まだ余力があるということです。通院しながら悪化しかけている病状の回復も見込めますし、一度立て直して改めて次のステップを踏み出すだけの力も残されています。可能性を残しながら退職を選択すること、私たちはこれを「勇気ある撤退」と呼んでいます。

就労支援は、どうしても前へ前へと支援を進めがちです。しかし、後ろに下がるという支援も、病気が併存している精神障害者の就労支援では重要なポイントになります。

▶ その人の生活全体から就労を考える

就労の「定着支援」を掲げたとき、何がベストの支援なのかを考えると、答えの一つは「長く働き続けること」に違いないでしょう。しかし、それだけでは十分ではありません。

人の人生は、一人暮らしや結婚、転職、親の介護、自分自身の病気など、それぞれの環境とそれぞれの出来事から成り立っています。就労が生活の質（QOL）を上げるものであるならば、このような個々に存在する環境やライフイベントもセットで考えて支援することこそが大切です。

たとえば、一人暮らしを始めるということであれば、その点を加味して、その人が持っている力よりも少し負担を軽くした仕事の仕方を考えたり、実際に働きだして病気の問題が出てきたときはあえて辞める選択を事前に検討しておいたり、などのことです。

その人の目の前にある生活、もしくはその先に続いていく人生全体を

見ながら「就労」というものを考えることは、とても重要です。そうでなければ、生活を豊かにしてくれるはずの就労が、逆にその人の生活の足を引っ張ることになるかもしれません。

2 前提となる視点

　昨今、一般就労する精神障害者が着実に増加しながら、就労が長期に継続しないことが指摘されているのは周知のとおりです。そこには少なからず障害特性を背景とした要因もあると思います。しかし、事業所の就職件数を上げる、一定期間仕事が続けばよしとするといった、事業ベースの考え方が一因にあると考えられる側面も否定できないように思います。就労定着支援を行うとき、まずその前提となる視点、支援について整理します。

▶ きめ細やかなかかわりで支える

　病状の揺れを抱えている精神障害者が就労するということは、自らの「内側にある揺れ」とつき合いながら、職場という日々変化する「外側の揺れ」にも対応しなければならないということです。

　この2つの揺れをうまくコントロールするには、本人の努力はもちろんのこと、それを見守る支援者の存在がやはり必要です。揺れの幅を最小限にし、安定した状態で働き続けられるようにするには、きめ細やかなかかわりが必要になってきます。

　特に、精神障害者の定着支援の特徴は、年単位で支援量があまり大きく変わらない点です。常に、定期面接と職場訪問で支え、必要があれば

電話相談にも応じます。また、業務内容や職場環境の変化、あるいは体の不調など不確定要素があった場合は、さらに丁寧に対応していきます。このようにきめ細かな支援を抜きにして、精神障害者の就労定着は難しいと考えます。

▶ セルフコントロール力を育む

一方で、就職した人が5年、6年と仕事が継続できていくと、しだいに定期面接や電話相談が必要なくなっていきます。職場で起こっている大小さまざまの変化や課題を自ら乗り越える術を、ほかならぬ就労生活のなかで身につけています。

これは、問題を体験してそれを解決することの積み重ねにより、彼らのなかに自分自身が働き続けていくためのノウハウが蓄積されていることの現れです。それは、放っておけばいつのまにか習得されるものではなく、就職期の必要なフォローと安定するまでの一定期間の細やかな支援があって初めて成り立つものです。

114

7 定着相談

　ここからは、就職後の定着支援を具体的に紹介していきます。まず、定着支援でとりわけ重要なのが本人との面接です。この面接を丁寧に行えることが、本人がさまざまな問題を上手にクリアする手助けとなります。

1 面接の確認ポイント

　面接で押さえたい基本的な項目は、以下の内容です。
・就職してからの生活の変化
・職場の人間関係
・仕事のやりがいや、やりにくさ
・通勤の負担
・休日の過ごし方
・外来受診時の主治医とのやり取り
・身だしなみ
・疲れ度合い

　これらは、特に就職初期に押さえておきたいポイントです（図8）。一問一答形式ではなく、本人の語りたいように自由に語ってもらうのが基本です。ほっとした気持ちになれるように、業務の落ち着いた時間帯に行うなどの配慮も必要です。入社して間もない時期は、本人の緊張も強

いため、この面接が日頃のストレスを吐き出す貴重な場にもなります。

また、本人が仕事にチャレンジしていることや、それを続けていることへの賞賛や労いを惜しみなく伝えることも大切です。そして、この面接の場を定期的に設けることを決め、確実に実施することが必要です。

図8　定着相談面接のポイント

定着相談面接	
ポイント	根拠
①本人の生活面の変化	● 睡眠は大きなポイント ● 仕事から帰宅した後の過ごし方 ● 休みの日の過ごし方 ● 単身者は特に家事とのバランスがあり、疲れてもやらなければいけないことがあるので聞き取りは気をつける。実家に頼れるかを訪ねることもある
②職場の人間関係	● 慣れるまでは過敏になっていたり、逆に目に入っていなかったりしていないか、周りが声をかけてくれるか、自分から声かけしているか ● 特に昼休憩は、身の置き場があるかないかが意外と大きい
③診察時の主治医のコメント	● 医師に仕事の話をしていない人もいるので、初期段階はとにかく医師に現状報告をしておくように伝える ● 一時的に薬を増やして様子を見ようということもある ● 医療のことは、仕事に関係ないと考える人もいるので、支援者も気をつけておく必要がある
④疲れの度合い	● 主観の部分なので、疲れた・疲れていないの実感だけでなく普段していたことができない、仕事から帰ってすぐ横になってしまった等を見る ● まず疲れて当たり前であることを伝える。疲れに対して過剰に不安になる人もいるので、日常のこととして捉えていくためにも、リラックスする工夫について話すこともある
⑤休みの日の過ごし方	● 疲れの影響はないか、生活リズムがずれていないか ● 今までと過ごし方が変わったか ● 落ち着かない、寝続けている、テンションが高く買い物をしている等も注意してみる
⑥通勤	● 電車で座れるか、混んでいるか ● 移動中に寝ているか、本を読むゆとりがあるかなど ● しんどいと訴えがある時は、早めに家を出て電車は各停に乗ってもらう、会社に勤務時間の調整をお願いすることが必要かどうか確認するなど、通勤が負担にならないよう配慮する
⑦服装、身だしなみ	● 同じ服ばかり着ていないか、シワ、シミなどにも気をつけてみる ● 洗濯できない、服装を変えるゆとりがないなど、原因もあわせて生活面への影響をみる

2 頻度と場所

▶ 面接の頻度

　就職して間もない時期は、頻回に行います。2〜4週間に1回程度が目安になりますが、本人と決めるのが理想です。希望にはできるだけ応えます。その後、本人の安定度を見ながら、面接の間隔を空けていきます。実績として、月1回の定期面接で様子を見ている人が多いようです。なかには、月1回よりさらに間隔を空ける人もいます。間隔の基準は、やはり安定感です。本人だけでなく、企業や支援者も感じられる安定度があれば、間隔を長めに設定します。

　当初に悩みごとや困りごとの多かった人も、面接でしだいに相談ごとが減っていき、その状況がしばらく続いたら、面接頻度を開けていきます。ただし、間隔の開け方は1か月から1か月半に、1か月半から2か月にと様子を見ながら慎重に延ばしていきます。調子の波によっては、間隔を短めに戻す場合もあります。

▶ 実施場所

　基本は、就労支援機関に来所してもらって行います。就業時間の長い人や勤務地が遠い人の場合は、本人の負担を考えて、会社最寄りの喫茶店などで行うこともあります。プライバシーが保たれない場所では本音を話しづらいなどの問題もあるため、話をきちんと聞いたほうがよさそうな場合は、休日に事業所で面接を行うこともあります。場所については、曜日や時間帯も含めて柔軟に対応し、語りたいことを語れる環境をつくることが不可欠です。

③ 就業期間による変化

　面接での相談内容は、就労を継続した期間によって変化してきます。最初の１年目は、だいたい仕事のことで手一杯なため、「仕事を覚える」など仕事の中身やそれらへの対応に関することが多くなります。

　それが２年目になると「職場の人間関係」や「相談相手の必要性」など、職場環境面への相談が増えていきます。自分以外の周囲へ目が向き、職場以外のプライベートの人間関係も相談にあがってきます。

　３年目になると、「余暇の過ごし方」など自分の生活を豊かに広げる方向へ関心や問題意識が広がり、将来に向けた話なども出てきます。

　職場への定着度合いにより、相談の内容が業務の遂行から生活の充実へと移り変わっていくのは、本人の成長を物語るものです。支援者は、このように変化していけることと、その段階に合った対応や提案ができることが必要です。

④ 留意事項

▶ 告げられない何かを感じ取る

　本人からは告げられることのない何らかの問題をキャッチすることも重要です。すでに職場で問題をつかみ、改善へ向けて動き出していればよいですが、そうとは限りません。また、本人が会社に言いにくいことを言えずにいることもあります。上記の面接の確認ポイントをふまえ、

面接で語ってもらえるように働きかけることが重要です。必要に応じて、職場との調整を提案することもあります。

▶ 定期面接が継続する人、しない人

就職後の定期面接が継続する人と中断してしまう人がいます。この違いは、それまでの関係性や過去の面接体験によります。面接者に安心感を持っている人や、相談してよかったという体験を持っている人は面接の機会を望み、歓迎もしているようです。対して面接が中断する人は、過去に面接で嫌なことを経験していたり、相談のメリットを感じていなかったりすることが多いようです。

しかし、これは、本人というよりも、面接をする側によるところが大きく、支援者が問われることなのかもしれません。いったん面接が途切れたとしても、かかわりを続けようとする姿勢は大切で、支援者は常に門戸を開いておくことが必要です。

8 職場訪問

　前項の「定着相談」が本人に向けた支援であるのに対し、この職場訪問は、本人と職場の双方に向けて行う支援となります。
　また、支援者にとっては、実際の職場に入り、本人の働きぶりを見ることができ、企業のニーズや困りごとを直接聞ける、貴重な機会でもあります。その企業の独自の風土や文化に合わせながら、ともに本人を支援する形をつくっていくことが大切です。

1 訪問のスタイル

　企業への訪問は、基本的に面接の場を設定してもらうのが中心です。職場の形態により、面談の形式はさまざまです。時期（入社した初期や1年後など）や状況によっても、設定方法は変わります。訪問の頻度は、回数を重ねるうちに内容も変化し、職場の定着に伴い減っていきます。面接の形式としては、おおむね以下の3パターンになります。

1　本人と上司・人事担当者等との三者・四者面接
　このスタイルが一番の基本となります。特に、企業側に雇用管理上の問題や不安を感じている場合や、支援者から企業側へ確認したいことがある場合などは、このスタイルで面接を行います。この面接の前もしくは後に、支援者と企業のみで状況を確認する場合もあります。

2　本人との二者面接

職場訪問する際に最も多い形態です。面接後に、職場の担当者（上司など）から、本人に聞いた話の周辺事情を確認できると、状況をより客観視できます。

3　企業側との二者面接

企業側が本人に伝えづらいことがある場合などは、この形をとります。問題が生じているなど特別な場合に限ります。

これらのやり方と問題の内容などに応じて使い分けていきます。また、大切なこととして、何らかの理由で本人が同席しない面接があった場合でも、その内容をきちんと伝え、常に支援の中心に本人がいるように、支援者は心がけます。

2　企業のニーズ

企業が支援者を求めるのは、雇用管理上に何か困ったことが生じたときです。特に、医療との連携や、生活上の問題についてのニーズが高いように感じます。このとき支援者は求めに応じて随時かかわっていきますが、何か問題が起こったときというのは、当事者である企業が、それがなぜ起こったのかわからないことも多く、事態が膠着している場合があります。

そこに支援者は丁寧にかかわりながら、企業とともに問題を解決していくプロセスを踏んでいくことが必要です。プロセスを共有することが企業の支援者に対する信頼感や役立ち感につながります。職場訪問もし

ながら、関係の素地をつくっていくことになります。

③ 精神障害者の職場定着の課題

　精神障害者の就労定着に関するデータを紹介します。2014年、2015年の2年間にわたり、東京都が都内6か所の障害者就業・生活支援センターに委託し、障害者職場定着サポート推進事業を実施しました。これは、就職している、あるいは離職して現在は求職中の精神障害者700人を対象にアンケートを行い、あわせて精神障害者を雇用している企業への聞き取り調査を行った事業です。この調査結果から、就労が定着している要因と離職してしまう要因の分析を行いました（**図9**）。

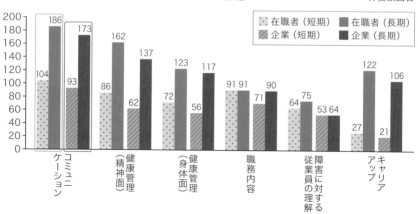

図9　就労継続における在職者と企業の課題
〈Q：就労継続する場合の在職者＆企業担当者の課題は？〉

障害者職場定着サポート推進・報告セミナー資料

企業側から見た課題は、①健康管理（身体面・精神面）、②コミュニケーション、③キャリアアップ、④職務内容、⑤障害に対する従業員の理解、と続きます。逆の見方をすれば、これらへきちんとアプローチできれば就労定着は可能ということです。

1　体調の不安定さ

　1つ目の「健康管理（身体面・精神面）」について、特に精神面への対応に苦慮する企業は多いと思います。「昨日までは元気だったのに、今日は調子が悪そう」などの声を企業担当者からよく聞きます。それがよくいわれる「調子の波」で、職場定着を阻むものでもあります。しかし、そこに対応する体制が企業内にあると、離職という最悪の結果は免れるかもしれません。調子を崩して不調を訴えたときの精神科受診への迅速な対応や調子に合わせた勤務時間や業務内容の調整、さらには必要であれば休職や復職するなど、これらに柔軟に対応してくれる企業には、就労定着している人が多いのも事実です。精神障害者の就労支援は、企業においてもきめの細やかさが必要になります。

2　コミュニケーションの難しさ

　2つ目は「コミュニケーション」の問題です。精神障害者のなかには、人間関係にデリケートな人が多くいます。しかし、変化が多い職場では、人間関係やコミュニケーションにそれなりの対応力が求められます。そのため、職場での人間関係やコミュニケーションは、彼らの就労定着を支えるときの大切な要素となります。

　傾向として、比較的安定して就労定着している人の多くは、職場に人間関係やコミュニケーションを支えるキーパーソンとなる人がいます。特に直属の上司や身近な担当者がその役割を担っている場合は、本人の

安定度が増すようです。こうした職場では、さまざまな状況において柔軟な対応が得られている印象を受けます。

　しかし、その対応が特定の部署や人に負担がかかっていると、継続した体制とはなりません。企業の受け入れ体制・仕組みとして取り組んでもらえるよう働きかけていくことが必要です。

3　障害者雇用のキャリア形成

　次に、3つ目の「キャリアアップ」、4つ目の「職務内容」についてです。これらは、今後の精神障害者の就労定着の大きなカギとなってくるものです。

　現在、法定雇用率のアップなど制度面も背景に、多くの企業が精神障害者を雇用するようになっています。しかし、現状は雇用率を達成するのに精一杯の印象を受けます。そのため、今後しばらくは、「柔軟な対応ができる体制づくり」や「コミュニケーションがしやすい職場づくり」が企業の取り組みとして優先順位は高くなると思います。

　そして、企業がそのノウハウをある程度蓄積していったとき、次に必要なことは、その人たちにどのようにキャリアアップしていってもらうかです。精神障害者は、職場にある程度の支えがあれば、高い力を発揮する人々でもあります。そのため、職場で経験年数を重ねていけば、本人たちからさらなる成長やキャリアアップへの希望が出てくることが考えられます。

　しかし、今はそれに応えられる環境が整っていないのが企業の現状で、多くが障害者のキャリアパスを描ききれていないのが実情と思われます。実際、せっかく就労定着しても、3年くらいでその職場を離れ、転職してキャリアアップしようとする人たちが多くいます。キャリアアップのために転職するのは悪いことではありませんが、キャリアアップの

仕組みが職場にないから転職するというのは別問題です。精神障害に限らず障害のある人がやりがいを持って働き続けるためには、必要不可欠の要素です。

4　職場としての障害への理解

　最後に5つ目は、「障害に対する従業員の理解」です。障害者雇用は、身体障害者が1976年、知的障害者が1998年、そして精神障害者が2018年に法定雇用率の算定基礎に入りました。雇用率も1.6%から始まり2.2%、そして2.3%へと上がっていきます。雇用事業主の合理的配慮も責務として明記されました。これからは「質」に重点をおいた障害者雇用へと進んでいくことになります。

　その重要な1つが、職場の従業員たちが精神障害を理解し、一人ひとりが適切に対応できるような職場風土がつくられていくことです。それが達成されるために、就労定着支援のなかでかかわりをもつ支援者たちが個々の職場へどう働きかけていくかが問われています。

9 セルフコントロール

　ここまで、「定着相談」「職場訪問」と、就労定着に必要な支援を紹介してきました。最後が「セルフコントロール力」を育む支援です。相談、訪問が外側から支える支援であるとすれば、こちらは当事者自身が自らを支えるものです。この3つがその人にふさわしいバランスで成立していると、就労定着はスムーズに進んでいきます。特に、個別性の高い精神障害者にとっては、ここがポイントにもつながります。

就労定着に必要な力

　セルフコントロール力とは何でしょうか。精神障害の方々を見ていると、それは2つから成っている印象を受けます。「相談力・発信力」「セルフケア力」です。

　自分から困っていること、悩んでいることを外部に相談や発信をできる人は、何か問題が起こっても早めに解決できて、事も大きくならずに収束する傾向があります。それが「相談力・発信力」です。また、自分の調子の悪さを早めにキャッチでき、そこへの対処方法も知っている人は、病状が悪化する前に何らかの手立てを打っていける傾向があります。これが「セルフケア力」です。どちらも、自分の中にある小さな種に早めに気づき、そこに適切に対応しています。これは、本人の体験の蓄積と適度の支援から育まれるものでもあります。

2 ツールの活用

　セルフコントロール力を育む一つの方法として、「体調把握シート」というツールを活用した支援を紹介します（**図10**）。

　書式には、起床・就寝時間、服薬、疲れ具合など、就労を継続していく際に重要となる生活リズムにかかわる項目を設定しています。本人は、この書式への記入を通して、自分の体調や症状の出方を確認でき、その記載内容から自らの状態をコントロールしやすくもなります。支援者や職場の上司等と共有することもできます。

　このツールを使用する前提として、本人が自分の病状悪化や不調のサインが何であるかをあらかじめ知っていることが必要です。支援者が外側から見て把握したものではなく、本人が自分でキャッチしている感覚を具体的に落とし込んであることが重要です。

　精神障害は目に見えない障害であって、その人自身の感覚を微細なところまで支援者が外側から見てつかむことはできません。しかし、その部分にこそ、本人の不調から病状悪化につながるものが隠れていることが多いのも事実です。シートは、1週間の自分の調子や体調の波を見ることができるようになっています。たとえば、睡眠時間が本人が理想としている8時間を下回る日が続くようであれば、早めに精神科の臨時外来を受診するなどの対処を自分自身で行うことができます。

　書式の下段には、本人が1週間のなかで職場で気になったこと、相談したいことが書き込めて、職場の担当者からコメントももらえる仕様になっています。職場担当者にも役割を担ってもらう場合は、あらかじめ三者でシートの趣旨と使用方法を共有しておきます。

図10　体調把握シート

年	／ 月	／ 火	／ 水	／ 木	／ 金
前日の睡眠時間 （理想8時間）	：				
前日に眠剤の頓服	飲んだ　飲まなかった	飲んだ　飲まなかった	飲んだ　飲まなかった	飲んだ　飲まなかった	飲んだ　飲まなかった
抗精神病薬	前日・勤務中 飲んだ　飲まなかった	飲んだ　飲まなかった	飲んだ　飲まなかった	飲んだ　飲まなかった	飲んだ　飲まなかった
疲労感	出勤時：　／100% 退勤時：　／100%	出勤時：　／100% 退勤時：　／100%	出勤時：　／100% 退勤時：　／100%	出勤時：　／100% 退勤時：　／100%	出勤時：　／100% 退勤時：　／100%
疲れの原因					
眠気・だるさがある	ある　なし	ある　なし	ある　なし	ある　なし	ある　なし
胃・腹痛がある	ある　なし	ある　なし	ある　なし	ある　なし	ある　なし
作業効率が下がる	あった・なかった	落ち着かない・落ち着いている	落ち着かない・落ち着いている	落ち着かない・落ち着いている	落ち着かない・落ち着いている
ネガティブ思考になった	なった・ならなかった	なった・ならなかった	なった・ならなかった	なった・ならなかった	なった・ならなかった
1週間のうちに仕事で気になること・相談したい事（本人記入欄）					
職場からのコメント					

図 10 の内容は一つの例です。シートに設定する項目は利用者個々に異なり、本人が活用しやすいものにカスタマイズしていきます。期間が1週間のものもあれば、日ごとに記入するもの、文章形式で記入するもの、チェックを入れるだけで済むものなどさまざまです。そのあたりが精神障害の多様さを物語っています。大切なことは、その人の個別性を本人と一緒に丁寧に掘り起こすことと、それを周囲にもわかるように可視化することです。

③ さまざまな媒体を活用したツール

　また、ツールは、紙媒体にとどまりません。NPO 法人大阪精神障害者就労支援ネットワーク（JSN）が開発した SPIS（エスピス）のように、WEB 上で本人・企業・支援機関がやり取りできるものも出てきています。シートを構成する要素は、おおよそ体調管理シートと同じですが、日々の業務日誌が蓄積され、それをデータ化してグラフにすることもでき、可視化がさらに進んでいます。グラフになっていれば、本人が自分の調子の波を把握するのにも効果的です。

　パソコンが得意な人がいれば、そうでない人もいて、そこも個別性です。活用する媒体にも配慮し、ツール選びをしていくことが大切です。

10 危機介入

　定着相談や職場訪問、そしてセルフコントロール力を高めるなど就労が継続していくためのプロセスを丁寧に設けていった場合にも、精神障害が持つ特性から調子を崩すことは少なくありません。ここでは通常の相談や訪問では、解決が難しいときの対応、介入の方法をみていきます。

1 SOSのキャッチ

▶ 本人からのSOS発信

　いちばん望ましいのは、本人が自分の不調に気づいて周囲の人にSOSを発信してくれることです。SOSを受け取った側も、どのように不調なのかも確認しやすく、外来の受診に同行するなど具体的な対策を講じられる点で、迅速な介入が可能です。

▶ 支援者がキャッチ

　面接のなかでのやり取りや職場を訪問したときの様子など、本人から異変をキャッチするケースで、実際にはこれが多くなります。いつもに比べて顔つきが暗い、対応がとげとげしい、職場の上司や同僚に対する被害的な物言いが目立つ、などいつもと違う様子がみられます。
　これらの変化を感じたら、まず支援者は本人に話をよく聴くようにします。そして、頃合を見計らって、「いつもよりも疲れた感じだけど、

何かあった？」など、こちらの印象を伝えて、話を深めていきます。このとき大切なのは、支援者が心配しているというメッセージを伝えることです。調子の悪さや病状の悪化を喜んで伝えたい人はいません。支援者は核心へ踏み込んでいくとき、細心の注意と気遣いが必要です。そのことが、安心して話をできる雰囲気づくりにもつながります。

▶ 周囲からの SOS 発信

　職場や家族から寄せられるもので、たとえば、会社の上司から、「本人の様子がおかしい」「これ以上は会社での対応が難しいので、相談にのってほしい」など、連絡が入ることがあります。同居する家族から、本人の異変に気づいたと連絡をもらうこともあります。

　これらの場合、周りから聞いた情報だけで判断するのではなく、職場へ行って状況を確かめたり、臨時の面接を行って本人の状態を確かめたりすることが必要です。それまでかかわりを持ってきた支援者なら、ふだんとの違いやその度合いが感じ取れます。できるだけ正確に起こっている状況を確認するのが先決です。

◢2◣ 初期対応

▶ 表出している問題、根底にある問題の整理

　SOS をキャッチした後、次に行うのは問題状況の整理です。問題には、表出しているものと根底にあるもの（隠れていて見えないもの）の2つがあります。それが何なのかをきちんと分けて考えていきます。

　たとえば、「本人の様子がおかしい」は、表に出てきている問題です。

では、その引き金になっているのは、職場の人間関係なのか、業務が変わったためなのか、服薬中断によるのかなどいくつか考えられます。その要因を探りながら、問題の深さも測り、対応を決めていきます。

その問題が職場の人間関係から起こっていれば、本人・企業・支援者で話し合いの場をもつことで解決が可能かもしれません。その問題が服薬の中断から生じているなら、一刻も早く医療機関を受診する必要があるかもしれません。この最初の段階の見極めをできるだけ正確に行えることが求められます。

▶ 外来受診への同行

対応の急を要する状況（服薬の中断、不眠、疲労による被害感の増大など）では、医療との連携がないと解決が難しくなります。この場合は、外来受診を勧めます。ただし、本人にとって医療の存在は、頼りにしている反面、「調子が悪くなったら薬が増える」「入院になってしまうのではないか」など両価的な意味をもっています。支援者はその点をふまえ、外来受診が本人の希望する就労継続に必要であることを伝えます。

外来受診は、本人の了承が得られれば支援者も同行するのが望ましいです。急を要する状況でもあり、医師へ起こっている状況を客観的に伝える役割も担えます。同行が難しい場合は、電話や書面で医療機関へ概要を伝え、状況を確実に医療側へ伝えるようにすることが重要です。

この受診の結果によっては、服薬内容の変更や勤務時間短縮の提案、休職の必要性があがってくることも考えられます。その場合、支援者は医療の立場からの判断を職場へ伝え、本人の不利益や職場の負担なども考慮して、双方の調整を行います。仮に休職となった場合は、その後の外来受診にできるだけ同行し、その時々の本人の状態を企業へ報告し、復職のタイミングを見計らっていきます。

③ 日常の視点、対応

▶ 病気を悪くしてまで働かない

　「働きたい」と願う人が病状悪化により休職になった場合、復職こそがニーズに合った支援といえます。しかし、前項で「勇気ある撤退」という言葉とともにふれたように、精神障害者が就労する上で、病気とのつき合いはきわめて重要なポイントです。

　働くことが病気との上手なつき合い方を阻んでいるのだとしたら、「病気を悪くするまで働かない」という選択も必要になります。状態が安定しているときから、そのことを本人と共有していることが大切です。

▶ 日頃の医療連携

　精神障害者の就労支援においては、他の障害に比べて外来受診に同行する機会が圧倒的に多いとの特徴があります。就労準備訓練を開始するとき、企業実習の前、就職活動を開始するとき、就職してから勤務時間数を増やすときなど、要所要所で本人に同行して主治医を訪ねます。電話などでアドバイスをもらう機会も多いです。

　就労は、精神障害の当事者たちにとって「人生の重要な目標」になるものですが、同時に病状悪化につながるものでもあります。だからこそ、病状悪化に至る前の医療側との日頃の連携が重要になります。事あるごとの変化を共有し、それにより構築される双方の関係は、病状悪化時の危機介入をスムーズに行うことにつながります。医療との連携は、就労定着という就労ニーズを叶えるために欠かせない要素といえます。

11 当事者（本人）の力

　支援者が本人の就労定着をいかに支援していくかをみてきました。最後の本項では、精神障害の当事者自身による取り組みを紹介します。
　当事者は働き続けていくと力をつけ、当事者同士の支え合いが生まれてきます。それは支援者による支援とは別の、目に見えない共感で結ばれた柔らかくて強い絆です。

1 当事者活動の意義
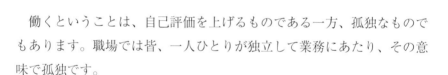

　働くということは、自己評価を上げるものである一方、孤独なものでもあります。職場では皆、一人ひとりが独立して業務にあたり、その意味で孤独です。
　当事者同士の支え合いは、この孤独感を和らげる上できわめて有効です。「ここには仲間がいる。みんな頑張っている」、そんな共感やそこから生まれる安心感は、時に支援者のかかわり以上に意味をもち、また何らかの問題状況の改善に絶大な効果を発揮することもあります。
　ある程度仕事に慣れ、就労上の問題も特にない人が、支援者の面接は必要としなくなっても、当事者同士のグループへの参加は必要とし続けるのは、暗黙のうちに了解し合えるものがお互いにあるからにほかなりません。

2 活動内容

1　仕事談話室

　オープナーでは、開所当初から「孤立を防ぐ」という側面から、現在就労中のメンバーが月１回集まる会として「仕事談話室」を開催しています。明るく和やかな雰囲気の中で、職場や家族に話せないことや支援者にも言いづらいことなど、遠慮がないため皆安心して語ります。皆をまとめていくリーダー的な人から、話すのは苦手ながら休まず参加している人まで、それぞれに参加のスタイルがあります。どのような参加の仕方も自然と許容されるスタイルが会の自由さを物語っています。

　毎月のテーマはさまざまです。就労継続についての話し合いや学習会のほか、季節の折々には納涼会や忘年会などイベントも賑やかに行っています。

　また、この会の特徴は、職員も参加していることです。病気を抱えつつ、働き続けながらの活動であるため、いいときばかりではありません。時には疲れたり負担が大きかったりと、グループ全体のエネルギーが下がる場合もあります。そのときは、職員がフォローしながら活動を進めます。「当事者同士の支え合い」は何物にも代えがたいものですが、継続や定着のためにはきめ細やかなサポートも必要です。

2　当事者セミナー

　仕事談話室で皆と語り合い、自分の意見を発表し、それを共有することを重ねていくうちに、一人ひとりのなかに外へ向けて発信していく言葉が育まれていきます。

その発表の場として、「当事者セミナー」という会を年1回開催しています。仕事談話室のメンバー（就労中の人）が講師となり、これから働きたいと思っている人に対しメッセージを伝えていきます。自分の体験談や就労準備で必要だったこと、仕事でスランプに陥ったときの対処法など、惜しみなく会場の人たちに伝えます。

　会場はホテルで盛大に行います。壇上で講師を務めるメンバーの誇らしい表情と力強い口調は自信に満ちています。セミナー後のアンケートでは、「勇気をもらった」「自分もあきらめないで頑張りたい」など熱い言葉が並びます。働いている当事者から働こうとしている当事者へバトンが渡った瞬間です。

　また、この「語る」という行為は、自分の今までを振り返る大切な時間です。語られるのは、自分の発病時のことや、家族との葛藤、会社での失敗など、必ずしもよい体験ばかりではありませんが、それを乗り越えてきた自分への自信や、新たな回復へもつながっていきます。

3　SPJ

　棕櫚亭の当事者スタッフと仕事談話室のメンバーが出会い、立ち上げた当事者グループです。「SPJ」は「棕櫚亭・ピア・事務局」のそれぞれの頭文字を取っています。それまでの当事者グループをさらに進めて、当事者のみで運営しています。

SPJ の目標

1. 病気とつき合いながら働くノウハウを蓄積する
2. 仲間と交流、情報交換、遊びを通じて仕事を継続していく
3. 離職や再発の話題に働きながら向き合う
4. 1、2、3の考えを社会に広く伝えていく

　毎月、参加を呼び掛ける手紙をグループメンバーに送り、茶話会や料

理教室、勉強会などを行います。反応は上々で、茶話会は開始から2年連続で毎月開催と盛況です。茶話会では、参加メンバーでルールも決めました。「批評、批判はしない」「意見は最後まで聞く」「威嚇した言葉や態度をしない」「秘密厳守」の4つです。

　6名のメンバーが事務局を担って会を運営し、全体の取りまとめをする人、事務や会計をする人など、それぞれの得意分野を活かして自然に役割分担しています。これは活動時の役割分担にもいえ、「一人暮らしについて」の学習会や料理教室、カラオケ大会など、知りたいことや取り組みたいことが自然発生的に始まり、その時々によって中心になるメンバーが違います。その光景を見ると、「みんなが主役」と感じます。

　談話室の開始からSPJが立ち上がるまで、10年の歳月がありました。当事者活動が実を結ぶまではある程度の時間を要します。調子に波がある精神障害者の場合は、「疲れたらひと休み」も大事です。時には周りの支援も得ながら続けることが、活動の広がりにつながっていくのだと思います。

▶ 当事者活動が回復につながる

　就労のなかでは、病気に揺れたり職場の人間関係に悩んだりと、道は平坦ではありません。しかし、働くことで自信をつけ、仲間と語り、前に進んでいくことで、本人たちは着実に力をつけていきます。そして、それを重ねていくことで回復も進んでいきます。「働き続けることはその人の人生を豊かにする」、彼らの姿はそんなことを教えてくれます。

　当事者同士の主体的な活動を見守り、応援していくことは、同時に就労定着を促進するものでもあることを確信しています。

Column

SPJ とは

当事者スタッフ　櫻井博

　あるメンバーは言う。「茶話会に参加することは生きがいだ」と。精神疾患の働く当事者だけが集まり運営し、月1回の茶話会でのコミュニケーションを軸に、「一人暮らしって始めるときいくらかかるんだろう？」とか、「これから先一人で暮らさねばならないとき何が必要なんだろう？」、そして「人生設計は？」などを話し合う当事者による勉強会の開催。障害年金や生活保護制度に対しての外部の講師を呼んで行う勉強会。時のぎゅっと詰まった充実感を感じ、また明日の仕事の原動力に変える当事者たち。今年で6年目を迎えるが、当初は天野前理事長の「こんなに素晴らしい当事者をみんなに知ってもらおう」という意見に賛同した当事者3人との、形のないものから始まった会だった。現在茶話会は毎回10人以上、料理教室はすぐに定員になるほど盛況である。今は有志による高度パソコン教室も開催されている。

第 **2** 部

経験から蓄える
～理念と活動を形づくったもの

第1部で多摩棕櫚亭協会が行っている「就労支援」を紹介させていただいた。報告したのは、筆者（天野聖子）がつくった土台と基礎を今の時代や制度にマッチ（適合）した形へと昇華・実践している現スタッフである。むろん、これが最良の方法というわけではないし、プログラムの内容などには異論、反論もあるかもしれない。それでも30年の試行錯誤の末に、着実でなおかつ有効と思われる手法へと築き上げたものである。これだけ障害者の就労支援、就労定着への意識が高まっている今だからこそ、より多くの現場に私たちが蓄積から編み出した方法の一部でも取り入れていただけたらと願う。就職したけれど挫折ばかりだったと傷つく人たちをこれ以上増やしたくはないし、精神障害者はやっぱり使えない、一緒に働きたくないと就職先の職場の人に思ってほしくもない。揺れ動く病気を抱えながらの就労に堅実なスキルを持って挑戦してほしい、受け入れた職場にもよかったと思ってほしい。そんな相思相愛の関係の働き方があちらこちらで広がってほしい。

　立ち上げのときから大事にしてきたのは、その「思い」である。何か新しいものを創るときには「志」も「エネルギー」も必要になる。そして継続するには工夫もいる。根性だけで30年は続かない。

　第2部では、先に紹介した就労支援のシステムがどのようにしてうまれたのか、精神医療の現場に身をおきながら長年福祉に携わってきた「私」の個人史をひも解く形で紹介させていただきたい。私がこの世界に飛び込んだ1970年から現役としての職を辞した2016年の間、精神障

害者を取り巻く状況は大きく変わった。さまざまな変化に翻弄されながら歩んできた私自身の道のりに重ねて、当時の時代背景や数多の事情を受け取ってほしい。今の人たちにとっては伝承されることでしか知り得ない精神医療の負の歴史や、始まった当時の精神障害者の地域生活というものを知ってもらいたい。そのことは棕櫚亭、ひいては脈々と受け継がれて今に至る就労支援・生活支援の根底にあるものを知っていただく機会にもなるように思う。

　隔離収容から地域へ、そして就労支援へと、私個人の歩みと精神医療福祉の歴史はぴたりと重なり、わかりやすい人生でもある。紆余曲折の45年は、書き溜めていた膨大な日記が記憶を呼び起こしてくれた。恥多き人生を言葉にしてゆくことはつらい作業だったが、無念の思いで消えていった人たちの存在が私の背中を押していた。歴史の歯車が逆戻りしないことを彼らが一番強く願っている。

天野聖子

※本稿では、そこに記されている時代と当人の体験に基づき、「精神病院」「看護婦」「精神分裂病」等の現在は改称されている表記を筆者の記述のとおりに記載しています。

第 1 節

精神病院放浪時代

実習生　1970　20歳

　18歳になったという男の子が長い髪を揺らしてギターを弾いて歌っていた。ジョーンバエズ「風に吹かれて」だ。その伸びやかな声がデイルームに拡がり、リフレインになると皆がハミングした。窓から爽やかな風が吹いてくる。
　彼の隣に立った背の高い大柄の女性がやわらかい声で言う。「いいなあ。すごく綺麗……じゃ、今度はドンナドンナね」。まん前にいた背の低い男性が「どんなどんなぁ」とまわらない口調で言い、嬉しそうに飛び跳ねた。大きな声だが調子はかなり外れている。それでもみんなは彼にあわせて歌った。思い思いに歌っているが、そこに居合わせた人たちの気持ちが溶け合ったようなあたたかい歌声。ここはさながら天国のようだ。

ガチャーン、ブシャ。廊下に異様な音がした。二人の看護婦が血相を変えて走ってゆく。皆、顔を見合わせて歌うのをやめた。その後は大きな声、何かがぶつかるような音、「嫌だー」と叫ぶ声。「保護室だよね」、誰かがつぶやく。この前も病室のガラス窓を割ったという男性だ。前の週、右腕に包帯をした彼に私はおそるおそる尋ねてみた。「何でガラスを割るんですか？」。背の高い彼は私を見下ろしながら静かに言った。「ガラスは割れるもんだよ」。その何もかも超越したような穏やかな目つきと口調は妙に説得力があった。そんな考え方があるなんて……私は絶句した。ガラスは割れるもの？　たしかにそうだけど……。常識がひっくり返る。

　「今日もやったから保護室だよ」と、ギターの少年が痛ましそうに言った。普段はおっとりして静かに本を読んでいる。どうかすると憑かれたように暴力行為におよぶという。

　ここは都内の小さな精神病院の閉鎖病棟。どうして私はこんなに自然にここにいられるんだろう。1970年、私は私立大学に通う二年生だった。保健所デイケアの実習の後、伝手を頼ってこの病院に実習生として来ていた。なぜ？　まずは私がここへ至った経緯から。

巡り合わせ

　中学生時代、周りはまだ戦後だった。ホームルームの時間になると新聞配達や牛乳配達で三分の一くらいの生徒がいなくなった。貧困家庭の子も多かったし、その頃は練馬鑑別所が近くにあって、ネリカン帰りといわれる迫力ある男子もいた。誰が貧し

いとか家がどうしたというのはあまり気にとめることもなく、いろんな子どもたちがそれぞれの暮らしを行き来していた。晴れた日の夕方には先生たちも出てきてフォークダンスを踊るのどかな時代でもあった。いろいろな階層の子が渾然一体となっていた中学生時代は、楽しい思い出がたくさんある。

それが世田谷にあるクリスチャンの女子高に入学して一変した。心優しい可愛い女の子たちは、皆「結婚して子どもがいる幸せ」を前提として物事を考えていたようだ。どこか均質化された学校の風景に馴染めずあまり登校しなくなり、世界文学に没頭した。モーパッサン『女の一生』、バルザック『谷間の百合』など封建的な夫に人生も才能も奪われてゆく女性の物語ばかりだった。

その影響で結婚はしない、子どもは持たないという自分なりの人生指針のようなものが固まっていき、それじゃどうやって自立するのかが悩みどころだった。その頃、家庭の事情から水商売に入り望まない妊娠をした友人と、不良グループから抜け出せないままヤクザにつきまとわれていた中学時代の親友が相次いで私の前から姿を消した。友人らの人生に思いを巡らせていたとき、非行カウンセラー、生活保護ワーカーの文字が目に入った。大学の社会福祉学科を卒業すると、社会福祉主事任用資格が取れて、そういう仕事に就けるらしい。私にもできるかもしれないと思った。

当時の私は食べることが嫌いで極端に痩せていたし、自意識過剰だったせいか、電車に乗るとすぐ具合が悪くなって降りてしまう情けない状態だった。でも、女の自立は必須、専門職を考えれば受験しかないと決意した。中野の実家から歩いて5分、電車で10分の上智大学に社会福祉学科ができたばかりというのも何かの巡り合わせと考えた。

実習

　大学に入ったのは1968年。激動の時代といわれ、ベトナム戦争反対運動や世界中の若者の反乱、学生運動があり、入学時からその文化に巻き込まれ翻弄されていった。それまでに感じていた世の中への違和感のようなものが言語化されていたため、ある意味生きやすくなってはいた。つまり、この違和感は私じゃなくて社会が悪いんだから闘う必要があるという道理だ。

　そのなかで得た数えきれないほどのメッセージは、のちの団塊世代の一人として私の中で血肉化してゆくが、なかでも自己否定の論理と、既存の家族体制解体の論理は衝撃的だった。何しろ女子大生はその時代の人口の5％といわれていた、いわば特権階級。頭の中にあった女の自立、家族秩序解体、格差に無自覚な自分をどう実人生で変えてゆくか、そのために何をすべきかなど、友人たちと議論し続け、生きづらさを共有できる生涯の友もできた。それでも本当のところで人と馴染めない感覚や自意識過剰の裏返しのようなコンプレックスは消えることがなく、どこか不安定だった。

　大学三年のとき、社会福祉学科の現場実習で教授に紹介されて荒川保健所のデイケアに行った。精神障害者を入院させず地域で治すという考えの小坂英世先生の実践の場だった。「入院は生活を奪う、再発の原因がわかれば少量の薬で在宅生活ができる」という小坂療法は、今までにないやり方で再発の原因を探し出すことを家族と一緒に精力的に行っていた。その原因論には異論もあったようだが、それを強力に支えている保健婦について街を回ったことが私にとって大きかった。

荒川の狭い路地にある小さな家々を自転車で回る、薬を届けて話し込む、親身になって相談にのる、その姿に衝撃を受けた。当時は在宅で精神障害者が暮らすという発想自体がなく、こんな仕事があったことに目を瞠った。そこで出会った患者さんたちの暮らしぶりは生活苦も病苦もひっくるめ大変なものだったけれど、実習生の私に患者さんが一生懸命自分に起きたことや周りがどう見えているかを語ってくれる。こちらも聞き逃すまいと真剣になってゆく。この双方向の必死のやり取りに心が動かされた。

　自分の体重のような存在感の軽さについて悩むのとはまったく違う、そんなこととは無縁の暮らしが日常で、修羅場の中を一人ひとりがなんとか生きようともがいている。そのなかで信頼関係のようなものが滲み出たときの安堵感は格別だ。私の中の得体の知れない違和感もほどけてゆくようだった。この世界なら生きられるかもしれない、そう思ったのがそもそもの始まりだった。

電気ショック

　ガラスの一件の翌週、乱暴で困るという別の患者さんに電気治療をする場面に立ち会った。若い看護婦が「腕がなるわ」と軽口を叩き、笑いながら詰所を後にした。

　手招きされて病室の入り口から覗き込んだ私は大きなショックを受けた。大声を出している男性を周囲にいた3、4人の看護人達が押さえつけ、唸り声やら絶叫が続いた後に突然痙攣が始まった。体が大きく揺れる。ガクンガクンと音が聞こえそうな激しい痙攣、苦しそうな唸り声、蒼白になった顔──。

　慣れているのか看護人たちは平然としていて、病室の蛍光灯が

白々と皆の顔を照らす。病気だから？ 暴れるから？ 他の人の迷惑だから？ 危ないから？ いろいろな疑問が頭の中を乱れ飛ぶなか、これだけは思った。人の力で無理やり痙攣を起こさせるという行為は拷問にしか見えない。周りにほかの患者はいなかった。そのむごたらしい治療を同室の人がされている場面を見たい人などいるはずもなかった。「しょうがないよ、昨日もまた暴れてたんだ、皆怖がってるし……」。少し離れたところから小さな呟きが聞こえたが、明日はわが身と誰もそれ以上は喋らない。

　絶叫の後は闇のように暗い静寂が廊下に広がっていた。ここは天国なんかじゃなかった。皆、どれほど切ない思いで暮らしているだろう。私は学生である自分の特権的な位置とそれゆえの物事の見えなさがつくづく恥ずかしかった。

インスリンショック

　別の週。デイルームで患者さんと立ち話をしていると、友達の部屋に見舞いに行くというので軽い気持ちでついて行った。看護婦詰所のすぐ隣の病室にその女性は寝ていた。薄暗い蛍光灯の光に照らされた彼女の姿に私は立ちすくんだ。

　「インスリンショックで昏迷状態なのよ」と、連れてきてくれた患者さんは専門用語で教えてくれた。そのときまでインスリンショック療法というものがあることを知らなかった。女性のめくれ上がった上唇はガサガサで歯が飛び出しているように見えた。生々しい赤い色の舌が犬のようにだらんと垂れ下がっている。目はかっと見開かれ、焦点は合っていない。盛り上がった胸だけが上下に動いている。生きながら死に瀕しているようだった。イン

スリンが大量に投与されて昏睡状態に陥っているのだという。患者さんが「綺麗な子だったのに〜。こんなになってー」と呟いて髪をなでた。

　無理やり血糖値を下げて意識不明にし、覚醒させてからまた昏睡状態にするその連続のショックで統合失調症が治るといわれた。もともと何をすればよくなるのかわからないのが精神病だといわれてきた。だったらどんな方法でも治療と名がついたら受け入れるしかない。もっと前には水をかぶせたり、回転椅子に座らせてぐるぐる回したり、ショックを与えれば身体が反応して精神のほうが治ってしまうという理屈で、思いつくままにいろいろ試されたらしい。試された側にすれば、虐待のようなものだ。

　この女性は妄想がひどかったというが、身体のほうは健康な私と同い年の若い女性だった。その体にこの治療が1か月から2か月続くという。なんて残酷な。微動だにしない彼女の足や腰をさすり、ぽかんと開いた口を閉じてあげてから、その患者さんは小声で言った。「前の人もやったけど、状態は変わんなかったのよ。あんまりよね」。

　その言葉にも衝撃を受ける。効かない？　こんな目にあってるのに治らないなんて。私は薄暗い蛍光灯の下で呆然と突っ立っていた。主任看護婦が部屋に入ってきて、脈をとり血圧を測った。いつもは明るく病棟のレクリエーションを引っ張っている人だが、そのときはつらそうな顔をして、私と同じように長いこと彼女を見つめていた。その蒼白な横顔を見て少しほっとしたのを覚えている。職員にもどうしようもないことなのかもしれない。

狭間

　電気ショックとインスリンショックを見た後、私は寝込んだ。二度と見たくない光景だった。だが、その後も卒論を書くためと称し、週1回の実習生として1年半くらいその病院へ通った。卒業を迎えたその頃には、友人は迷いながらも公務員試験を受ける人が多くなっていた。

　その頃の私は、精神病院で「働きに行きたい」と希望した人たちの職探しに出かけていた。何軒も訪ねて製造業や繁華街のお菓子屋さんなどが見つかり、三人が病院から働きに行った。親が鉄道で無理心中したために腕先が切断された少女を障害者センターに連れて行き、義手をつける手続きをしたり、着のみ着のままで連れてこられ5年入院している女性が家政婦紹介所に荷物を取りに行く際に同行したら、元気になった姿を見て戻ってきていいと言われ、喜んで退院した人などもいた。

　手探りでの社会復帰支援だが、やるべきことはいくらでもあった。少し時間をかける、誰かが手伝うなどすれば実現しそうなことが何年も手つかずのままなのだ。ごく普通の民間病院なのに、社会復帰の仕事をするための人員も余裕もない。家に帰りたい、大事な人に会いたい、外で働きたいという当たり前の要求や希望は放置されたまま何年も置かれ、いつのまにかなかったことにされ、長期入院者がつくられてゆく。

　この「狭間」で患者の希望に沿って動きながら退院を実現してゆくのがケースワーカーなら、これは大事な仕事だし私には向いていると思った。目に見えるからやりがいもある。地域は保健婦の独断場だった。ならば病院ワーカーになろう。

第**2**部　経験から蓄える　第1節　精神病院放浪時代

149

もう一つ、ワーカーになることを決めたのは、デイルームの過ごしやすさだった。最も差別された人の集まる場所は、最も過ごしやすい場所だった。そこで自分が自然に受け入れられたことは大きな驚きだった。この人たちの近くにいられるなら、この人たちのためになれるなら、「ケースワーカー」という仕事がしたいと思った。私の原点だ。

ケースワーカー

　「ケースワーカー」は私の時代の呼び名である。現在、「ソーシャルワーカー」というカタカナ職は、支援者というアイデンティティを与えられたれっきとした職業になっている。しかし、当時は社会福祉法に規定された福祉事務所などに置かれる福祉職が唯一「社会福祉主事」で、公務員試験を経て入職し、生活保護や児童相談所に配属される存在だから、大半が公務員である。地域では保健所が精神保健を担っていたので保健婦が最前線だったし、その積極的な活動が各地で報告もされていた。保険点数にもならない無資格に等しい不採算部門の代名詞のような「ケースワーカー」を民間病院で雇用する例は少なかった。

　しかし、私が大学を卒業する頃は、精神医療の人権侵害が大問題となり、各地で告発闘争も多発した。医師ばかりではなく、看護現場で働く人たちの闘う姿や生き方に感銘を受けた。その流れのなかで病院にもケースワーカーを配置するとの考え方が生まれたのだろう。収容所的な病院から患者を退院させるにはケースワーカーの存在が不可欠と、人権問題に敏感になった病院ではワーカーを採用し始めていた。

2 就職元年　1972　23歳

　23歳を過ごした1年間は、今でもその細部をありありと思い出す。大学を卒業し、「ケースワーカー」として初めて就職したそこは、収容所のような精神病院だった。そこでの仕事の話を始める前に、ここへ入職したいきさつと当時の時代背景にふれておきたい。

大卒女子

　この時代の四年制大学卒の女子の専業主婦率は、なんと90％を超えていた。就職を志望する女子も公務員試験受験者が多かった。永久就職＝結婚に向けて婚活に勤しむ人たちに囲まれるなか、周りが自分とは違う選択をしてゆくことは、私の中でしこりになった。「自分が正しいと思いなさんな。あんたの考えには9割の人が同調しないんだから」と母に言われた。ウーマンリブが登場した頃でもあり、強いシンパシイを一緒に感じていた仲間たちがなんで結婚体制に入るんだ、そう思ってムラムラした。でもそれを話せば、さらに特別な存在になる。気の許せる場所は精神病院の中だけ、そう思い込んだ。

　ワーカーはともかく、精神病院に行くことが私の就職活動になり、同時に経済的な拠り所になっている実家から出ることが目標になった。都内はだめとも思った。口では偉そうに言いながら、実は中野のお嬢さん、なんだかんだと甘やかされてもいたから、困ったら逃げ帰ってしまうかもしれない。それで、何度も観光に

行っている京都なら、街は碁盤の目になっているから迷わないだろう、少しは都会だから家事もできない、生活の知恵もない私でもなんとか生きられるはずと、京都に狙いを定めた。親も友達もいないところから始めたかったのだ。

　京都のハローワークでは、職員が怪訝そうに「ケースワーカーって何？」と訊き、「精神病院の看護助手ならあるよ」と言われた。その日は1972年2月、浅間山荘の銃撃戦、連合赤軍が逮捕された日だった。すでに仲間の遺体が発見され、リンチ殺人が公になっていた。テレビで何度も放映されているシーンを再び見せられ、渦中にいた人たちのことを考えると頭痛がひどくなった。私は呆然とした気持ちを引きずったまま、紹介された病院に面接を受けに行った。善良そうな院長は、「なんでこんな田舎に来るのか。助手でいいのか」と目を丸くして話を聞いてくれた。
　その2か月後、最初の挨拶に院長と一緒に医局へ行って驚いた。大学病院から派遣されているパートの医師たちがそろっていたのだ。皆、その頃の精神科医局闘争の影響を受けている人たちだったのだろう。私の履歴書を見て、あれこれ聞いて、その場でワーカーとしての採用を院長に進言してくれた。看護助手から一瞬のうちにケースワーカーになったのだから自分がいちばん驚いた。
　夢や希望、期待が胸にあった。しかし、それらが崩れ去るのに時間はかからなかった。

保護室

　その病院は、患者のため息とあきらめ、時に暴力と死の気配に

満ちていた。一階に事務所と外来がある。しかし退院する人がまれなのと、退院しても二度と足を踏み入れたくない場所なので、外来患者を見かけることはほとんどない。市役所や保健所から連れて来られた人がそのまま入院することになる。外来診察をしたという形式をとるための診察室があり、そのすぐ先に保護室がずらりと並ぶ閉鎖病棟が待ち構えている。

　保護室には、入院を宣告されてから最短の距離と時間で辿り着ける構造になっている。閉鎖社会の入り口である。新規の入院患者は、ほぼ例外なく保護室に入れられ、鉄の扉の中で泣いても叫んでも仕方ないことをわからされて、だんだんおとなしくなっていく。暴力と同じように恐怖を植えつけて従順にするために使う部屋でありシステムであり、治療や保護のためには存在していない。だから恐ろしく汚いし暗い。

　細長い四角の部屋の隅に空いているトイレ用の穴のせいで異臭がする。ドアを閉めると天井の小さな電気以外に明かりもない。床はコンクリートで、その上に薄汚れた布団を敷くだけの作り。半地下にあるため地面にも接していて、真冬には外気と同じくらいの寒さに皆震え上がっていた。暖房も冷房もない文字通りの独房に、どんな強面の患者もここに入れられるのは怖れていた。

ホース

　ある日、保護室のドアが開いていたので覗いてみると、4、5人の看護人が知的障害と思われる人にホースで水をかけていた。水の勢いがものすごい。逃げるところもなく、泣きながら「やめてーやめてー」と叫んでいるのを見ながら大声で笑っていた。

153

私は突っ立ったままだ。やめてとは言えなかった。看護人たち
の妙に高揚した笑い声とだみ声に体がすくんでしまったのだ。
　大学生のときにアルバイト先で見た保護室は、少なくとも本人
の鎮静のためにあった、と思う。壁が緑色に塗られ、厚さのある
布団がきちんとたたまれて置いてあった。しかし、ここは見るか
らに動物園の檻だった。刑務所よりひどい。規則に従わないとき
の脅し文句は「保護室に入れるぞ」だった。

丸見え

　またある日、穏やかな雰囲気の中年の看護婦が「女子病棟に新
しい保護室ができたんですよ、見にきてください」と誘ってくれ
た。女子病棟はリフォームされていて、新築の木の匂いもして清
潔な雰囲気になっていた。
　しかし、詰所の前にある保護室を見て驚いた。新しい木材で組
まれた部屋は、隠すところのないただの格子状の組み木だった。
だから、中の様子はどこからも丸見え。若い女性が用をたしたい
のだろう。「今だけでもいいから、カーテンつけて……」と弱々
しい声で頼んでいた。それはそうだ。どうやって用を足すのだ
ろう。
　すると、そこにいた看護婦が「見ないからそのまましなさい」
と尖った声で言った。まさか？　お尻を丸出しにするのがどの方
向からも見えるじゃないか。「せめて布で覆ったら……」と私が
言いかけたとき、婦長が私をにらみつけた。「なんでここにいる
んや、早く戻り」と有無を言わさない口調だ。「でも、この部屋
……」と小さな声がやっと出たが、途端に大声で、「何様や。あ

んたに用はない」と怒鳴られた。すごすごと男子病棟に戻っていく私を、ここへ誘ってくれた看護婦が見ていた。保護室を褒めてもらいたい様子がうかがえた。その感覚に頭がクラクラした。

沈殿病棟

　保護室のある閉鎖病棟を二階に上がると右手奥に30床くらいの開放病棟、左手奥に詰所があり、その奥に左右畳の部屋が広がっていてそれがまた閉鎖病棟だった。「沈殿病棟」といわれていた。そこに40人から50人ほどが詰め込まれている。

　詰所の看護婦が患者を監視していて、そこを通らなければ外に出られない仕組みになっている。もう何年も外出したことがない人ばかりだった。刑務所のような小さな窓越しのやり取りだけが可能で、看護婦に鍵を開けてもらわなければ患者と話ができない。ホールもデイルームもなく、ただ薄汚れた畳の部屋があり、坊主頭の生気のない顔をした人たちがぽおっと佇むか、ぐるぐる歩き回る異様な光景が広がっている。

　ケースワーカーとかいうなんだかわからない小娘は看護婦から相手にされず、病室に入ることは嫌がられた。しかし、一緒に入職した病棟担当の医師が積極的に現状を変えようとしていたので、私は彼にくっついて病室に入った。1970年頃に全国に広まった反体制運動の流れは、若い精神科医にも確実に影響を与えていて、大学の医局から派遣されていたパート医は精神病院の悲惨な現実に驚き、開放的な処遇を目指すようになっていた。しかも、ありがたいことに、この病棟担当医は常勤だった。深い話をした

155

わけではなかったが、すぐに阿吽の呼吸で、患者のためになるなら何でもしようと力を合わせた。病院という完全なヒエラルキー社会のなか、私は医師のお墨付きで案外自由に振舞うことを許された。

ハイキング

　その一つがハイキングだった。何年も外に出たことがないと言う患者さんを12、3人、バスで連れて行った。付き添ってきた学生のギターを伴奏に皆で歌った。ぽかぽかと暖かい天気のいい日だった。思いもかけない大声で歌い終わって芝生に寝転び、「嬉しい、本当に」と口にした患者さんの笑顔は忘れられない。写真を撮ろうという呼びかけに、大急ぎでわっと集まってきた人たちの姿が今でも蘇る。

　皆同じような肌着のようなシャツと着古したズボン姿だった。少し前に事務所で所持金を調べたら、だいたいどの人もお金はいくらでもあるようだった。それもそのはず、たいていは生活保護か、経済措置としての公費入院だった。何の働きかけもしないし、レクリエーションと呼べるものも、いやそれ以前にデイルームさえない場所にただ押し込められて、それを見張られている環境では、お金の使い道などまったくなく、口座残高だけが膨んでいただろう。本人名義にしなければ公的補助は入らないから、預かり金の合計は相当な額だったに違いない。

　ともかく、案外簡単に医師の許可があるならお金を使っていいと病院は認めてくれた。病棟担当医はもちろん許可してくれた。

買い物

　洋服を買いに行こうと、今度はグループに分かれて外出する。各自1000円を持って、駅前のスーパーで衣類を買うことにした。皆、ジーパンにシャツを買って若返ったと大喜びで、帰りには村に初めてできた喫茶店に入った。吉田拓郎の「旅の宿」が流れていた。つい最近まで阿佐谷あたりのアパートで友達と口ずさんでいた歌だ。場所が違うだけでこんなにかけ離れた生活があることが信じられなかった。戦後30年近くになり、オリンピックも終わって社会全体が豊かになっていく頃だ。いつも隔離された場所にいて、外を肌着で歩いている人たちがいるなんて思ってもみなかった。

　おしぼりを口にする人や、砂糖壷に入っている砂糖全部をコーヒーカップに入れる人もいた。お店のお姉さんもあきれるやら笑うやら雑巾を持ってくるやらでなんだか大騒ぎだ。あわてたのは付き添いの看護婦と私のほうだが、娑婆の空気を味わった一瞬の皆の笑顔は記憶に焼きついている。「コーヒーってこんなに苦いのかー」と驚いたように言った一人の呟きに皆がうなずいた。それはそうだ。病院の売店に週に1回だけ届く甘ったるいコーヒー缶とは、まったく違う。コーヒーの味はともかく、喫茶店にいるということ、お客様扱いされたということが彼らの顔に生気を与えていた。

脱走

　さすがに病棟の患者全員は難しかったが、買い物は小グループ

に分けて順番に行くことにした。その3回目のとき、喫茶店でコーヒーを飲み終わった40代くらいのいつも何も言わない男性が突然立ち上がった。思いつめたように私を見つめ、それから言った。「このまま家に帰る。あんたにゃ悪いけど見逃してくれ。そうでないと一生入院だから」。

え？　なに？　何かを言う間もなく、彼はすたすたと駅に向かって歩く。「家ってどこ？」と大声で聞くと、「とっとりー」と返ってくる。「お金はー？」と聞くと、「歩いてゆくよー」と走り出した。だめだめ、私も必死に走った。なんたって体力がないから、あっさり追いつく。「歩くのは無理。家族と相談したほうがいい」「誰も来ないんだ。もうずっとだ」「手紙書いてあげるから今は帰ろう。とにかく」。必死でなだめながら、逃げられるものなら逃げたほうがいい、私だって見逃したいと思った。けど、鳥取なんてありえない。そこに看護婦から連絡を受けた病院の車が迎えに来た。どこで見張っていたのかと思うような素早さだった。胸がつぶれそうになった。

考えてみれば、厳重な鍵と鉄格子の奥で日がな一日座り込んで10年近くを過ごしてきた彼にとって、1000円を持っての外出は千歳一遇のチャンスだ。この機会を逃したら、また何年も外に出ることはない。一緒に走って逃げられない私自身の職員としての位置が悲しかったが、もし実行してもどこにも行けない現実を考えるのはもっとつらかった。

余計なこと

そのことがあってから、病棟では私に冷やかな視線が向けられ

るようになった。私はせめて面会に来てほしいと、その患者の家族に長い手紙を書いたがなしのつぶてだった。こうして皆希望を失ってゆくのだろう。彼は私を見ても、もう何も言わない。

　思いきって黄色に変色しているカルテの最初のページにある親の家に電話をしてみたが、「もう他人です。かけないで」「病院で一生預かると言ったでしょ」と取り付く島もなかった。病棟看護婦には、「寝た子を起こすな」「あきらめていたのに、変な希望を持ってそれでまた具合が悪くなった。後始末は私らや」「あんたのおかげで、てんかん発作が増えた人もいる。余計なことをしにわざわざ東京から来たんか」と、ほかの患者とのかかわりもあわせて怒られた。

　厳しくも変えられない現実の前では、本人のためにと理想を追いかける実践は何の役にも立たない迷惑行為でしかなかった。余計なことばかりする……、口汚く罵る老看護婦にうなずく看護婦たちに何も言い返せずに私は押し黙った。

　悔しさと怒りを解消する手立ては音楽と飲酒しかなかった。街で一人暮らしをしていた私は、近くにあるロックの店で大音量のブルースを聴きながら、深夜まで酒を飲みながら泣いていた。あまり思い出したくもない日々だ。

養豚場

　それでも自分を奮い立たせて患者の外勤先など探しに行っていたある日、近くの養豚場から、人手がないから来てほしいとの電話が入った。その養豚場では1000頭の豚を飼っていて、残飯をベルトコンベアに乗せて食べさせる仕事だという。勤務時間は朝

5時から午後3時まで。実際は7時8時は当たり前だったらしい。

　しかし、見に行って驚いた。住み込みの宿舎は豚舎へ続く穴倉みたいな場所で、汗まみれの薄っぺらな布団が置かれただけの窓もない部屋だ。湿気と悪臭がはなはだしく、頭の上も隣の空間も豚が鳴きわめいている。これでは誰も働きに来ないだろう。聞けば、他の病院から患者が来ていたがやめてしまい、以前から働いていて一番こらえ性のある当院の患者だけが残っているという。

　こんな劣悪な環境に送り出さなければ、収容所のような病院から脱出させられないというジレンマのなかで「退院させてくれよ。一生入院でがん箱（棺箱）退院は嫌なんだよお」と繰り返し訴えていたてんかんのAさんが思い浮かんだ。動作は遅いが決まったところの掃除だけは休まない。思いきって本人に言うと、「退院できるならどこでもいい」と二つ返事だった。

　1週間の実習と外泊を経て改めて聞くと、「ああいうところでなきゃ雇ってもらえない、ここに一生いるよりましだから行きたい」と強く希望された。劣悪な労働環境とわかっていながら、Aさんは嬉しそうな顔で6年ぶりに退院していった。

　それから3か月が過ぎた頃。Aさんと前から働いていた人の二人が深夜に私のアパートを訪ねてきた。「もうこれ以上やれない。こき使われて体もぼろぼろだ。でも病院には絶対戻りたくないんや。他で働きたいけど、通帳を取られてるから逃げようもない。どうしたらええや」と訴えてきた。どう考えても出口はない。40代の汚い格好をした男が二人、若い女の子のアパートの前で大声で泣いているのだ。勘違いして近所に通報でもされたら話はややこしくなる。泣きたいのはこちらも同じだ。ともかく明日行っ

160

てみるからとなだめて帰ってもらった。

翌日、養豚場に行き、社長に掛け合ったが取り付く島もない。情けないことに私のほうも当時は労基署に訴えるとか労働基準法違反といった知識も持ち合わせてなかったから、どういう論法で説得したらいいのか皆目わからない。

「通帳は親心で預かってやってる。失くしたり盗られたり、無駄遣いだってあるからな。要領が悪いから労働時間が長くなるんや」「まあ患者やからな、病院に帰りたくはないやろ。なんの文句があるんや」。最後は脅すような顔ですごまれた。よく見ると、人相の悪い屈強な男たちが座って、ニヤニヤしながら私を眺めていた。

「せめて労働時間は守ってください、そうしないと再発することもありますから」そんなふうにやっと言ってその場を去った。怖かったのだ。

それからどうしたのかは記憶がない。たぶんそれ以上かかわれなくて、なかったことにしてしまったのだろう。どうして他の人に助けと知恵を求めなかったのか。一旦病院に戻る手もあったかもしれないのに、私自身が院内のひどい孤立感に悩んでいたので、一人で抱え込んだままこの話をうやむやにしたのだ。

これも大きな汚点となって私の中にこびりついている。あの人たちは最後どうなったのだろう。

自殺

寒い朝だった。締めきった曇りガラスに大粒の雪が映って、そこだけが奇妙に明るい。同室の30人ほどの患者は外に出され、

彼は畳の大部屋の中央に敷かれた粗末な布団に横たわっていた。
ビニールの袋に首を入れたままの状態で亡くなっていた。しんし
んとした音までが聞こえそうな病室にはそれ以外の音がなく、彼
の死はゆっくりと畳にそって広がっていった。両足は小児麻痺で
子どものときに切断していた。20歳を過ぎたときに精神分裂病
(現・統合失調症)の診断を受け、家族からは死んだものだと思っ
てると言われた38歳の青年だ。かろうじてこの病院で命をつな
ぎ、開放病棟で明るく、みんなの世話や掃除やら繕い物やらを引
き受けてきた人だった。死を選ぶ自由だけを大事に握り締めてい
たかのように、その死に顔は驚くほど穏やかだった。

「彼」

その2か月前、「こんな体だから世間でもひどい目に遭ってき
た。だから99%はここを自分のうちと思って暮らそうという気
持ちがある。そうしたほうが幸せだと。だけど1%がそれに納得
しないんや。家族も見返したい」。そして、元いた職場に手紙を
書いて返事を待ち続けたが、なしのつぶてだった。私は彼に言っ
た。「1%に協力します。仕事探しましょ」。

やっと面接まで漕ぎ着けたのが京都市内の仕立て屋の助手だっ
た。彼の前職は洋服屋で家業も同じだったので、仕事内容は問題
ない。一階が仕事部屋、二階は同僚が一緒に寝起きする部屋で、
住み込みの生活。親方は、「足のあるなしは関係ない。うちは腕
さえよければいいんや。見たところ病気っぽくない明るい人やん
か」と言ってくれ、彼は「これ以上ない仕事や。おおきにおおき
に」と言って、喜び勇んで退院したのだった。

しかし1か月後、「蒸発した」と親方から連絡が入り、ほどなく彼は病院に辿り着くと、「ほっとした」と倒れこんだ。

その数日後、格子の外をじっと見ている彼に近づくと、彼は言った。「天野さん、世間は厳しいよ。どんだけいじめられたか。飯も食えんかった。二階に上がろうとすると気持ち悪いって。ずいぶん我慢もした。でも限界や……。やっぱ、僕はこの檻の中でしか生きられん」。搾り出すような声だった。

残り1%の希望を私が粉々にしてしまったのかもしれない。気を取り直してもっといいところ探しましょと言うつもりだったのに、そんな気休めのような言葉は出てこなかった。どこに行っても同じことになるのかもしれない。足先のない爛れた両足はいかにも目立つ。この頃は障害者の人権といった感覚は社会にも皆無だった。その上いつ再発するかもしれない精神分裂病（現・統合失調症）への偏見はもっと強い。再発、不治という言葉にも怯えながら、家族にも捨てられた彼のいるところはやっぱりここでしかないという現実。でも、本当にそれでいいのだろうか。

希望でくるんだ絶望

棺を載せた救急車が動き始め、数人の白衣姿の職員が頭を下げる。泣いて取りすがる人もない見送りの光景、その背後に広がる空は抜けるほど青かった。

私が1%の希望を奪った。私が何もしなければ、いつか報われるという願望を持ちながらそれなりに暮らしていったのかもしれない。この収容所の中でも、今日のように晴れ渡る空を仰ぎ見たり、山々の色の変化を感じたり、患者や職員たちとの交流に喜び

を感じるときだってもてたかもしれない。そんな後悔の念が押し寄せてきた。

　希望だと思ったものがやっぱり絶望だったと知ったとき、自ら命を絶った人たちがいた。ありもしない希望を振りまいたと言って私を責めた患者はいない。皆寂しそうに諦めの空間にうずくまった。絶望しかない空間。そこにわずかながらの希望を見出すための私の試みはどれも失敗に終わっている。なんて無能なんだろう。

　しだいに私は消耗して考え込む日が多くなっていった。身体にも変調が現れるようになった。そして病院を退職した。

3 復活への充電　1973-1976　24〜27歳

出奔

　初めて就職した精神病院の1年を経て東京に帰った私は、実家に帰らず、友人が住んでいた国立にアパートを借り、ボーイフレンドに食べさせてもらっていた。

　その頃はチック症状もあり、食事もろくに取らないまま、無力な自分への苛立ちばかりが募っていた。再度働けば変わるかもしれないと友人が誘ってくれた某精神病院に再就職したが、頭も体もギリギリの状態が続き、勤め始めて半年が過ぎたある日、混乱

が広がって職場を無断欠勤し、大量の睡眠薬を持って突然京都に出奔した。

気づき

　京都では、A精神病院で私の後釜になっていたケースワーカーのアパートに転がり込み、1か月ほど悶々とした日を送った。部屋でうずくまるようにしてモップスの「たどり着いたらいつも雨降り」という曲をエンドレスで聴いていた。

　このまま這い上がれないかもしれないとぼんやり思った頃、A病院のパート医だった女医さんと飲む機会があった。「あなただけじゃない、みんながおかしくなったよ」と女医は言った。「あの病院を見たということは、人間がここまで人間を抑圧できるという現実を知ったことになるんだから、具合が悪くなって当然」

　そうか、私の力不足じゃなかったんだ。あの病院の職員は、アウシュビッツの看守のような存在だったのだと気づいた。

　その後も、東京に残してきたボーイフレンドや友人が入れ替わり訪れてくれた。そうして危機を脱した私は国立に戻った。

PTSD

　今でいえばPTSD（心的外傷後ストレス障害）だ。動物園の檻のような保護室の様子が独特の匂いとともに蘇る。職員の怒鳴り声や、からかったり罵ったりしているだみ声が聞こえる。無表情に壁際にもたれている人や風呂敷一つで退院していった人の後ろ姿が見える。私を取り囲んで問い詰めて非難する看護婦の険しい

表情やゆがんだ唇の形などが何度も浮かんで消える。

　後遺症は続いていたが、この頃は友人の輪の中で生きていたように思う。コミューンという考えも流行っていたから、アパートにもたくさんの友人が出入りしていた。軽い冗談や音楽、賑やかな飲酒、大量の読書、政治、社会から芸術や音楽に至るまで際限のないお喋りなど、これらにゆったり浸るなかで悪夢のような体験は少しずつ記憶の底に沈んでいった。

　年月がそれに覆いをかけたのか、夢でうなされる回数も減ってきた。「仕方ない、私だけじゃないんだから、誰にもどうしようもないことだった。1年しかもたなかったけど、あそこで辞めるしかなかった」と思い直すようになっていた。

スナックママ

　精神病院にはもう行かない、ケースワーカーは向いてないと決め、塾講師や家庭教師のアルバイトで暮らした。それから近所の喫茶店兼スナックのような店で2年ほど働いただろうか。店が大繁盛して、もう1つつくるからそこのママになるように誘われた。その頃は、街中を自転車で走るとよく声をかけられ、「〇〇〇（店の名前）のセイコさん」とちょっとした有名人になっていた。誰とでも話を合わせられる、お客さん同士をつなぐ、難しい客の気分転換をするなど、今でいう対人援助技術の基本のようなことができるのが周囲に歓迎されたようだった。

　思いがけなかったが、ここでお喋り上手に磨きがかかり、自尊心も回復していったのか元気になってきた。やっと回復したのだから、自分の好きな色合いにお店をつくることができる客商売で

の自立も悪くないかなとも思うようになった。やめてみれば精神病院のことなんか誰も考えていないような世の中だ。母親の「あんた一人が何を思っても世界は変わらない。それはごまめの歯ぎしりというのよ」という言葉が浮かんだ。

復帰

そのとおりかなと思った矢先のこと、それは違う、もう一度（精神病院に）行くべきだと親友が待ったをかけた。自分が内定していた病院を紹介するから面接に行こうというのである。「もう精神科は無理」と言う私に、今までとは違う志を持った人の元での「病棟開放化」であること、本来の意味での社会復帰の仕事であることを彼女は力説した。

思えば、彼女も精神医療を変えようといろいろな活動に身を投じていた。自分は他のところに行くからと、私を売り込んでくれたのだ。ありがたい話だった。

病棟開放化運動
1976 - 1981　27〜32歳

「病棟開放化」とは、「病棟の鍵を開ける」というのが直接的な意味である。精神病院の閉鎖性や収容所性に対する改革へ向けた

運動を総称した言葉だ。以前に勤めた病院のトラウマからアルコールや睡眠薬に頼って鬱々と生きてきた私を引きずるようにして親友が面接に連れて行ったのは、そんな病棟開放化へ向けてまさに動き出そうとしているＢ精神病院だった。院長の息子である医師が全病棟の開放化を宣言し、志をともにする職員や医師を雇用もしていたので、病棟開放化への視界は良好といえた。

面接で「病院を開放したいんだ。手伝ってほしい」と言ったその医師は、自分の家の敷地内にある精神病院の中に閉じ込められ、無表情に徘徊する人たちを横目に感じながら大人になった自分の惨めさを語り、「あの人たちのまなざしが頭から離れない」と言った。その言葉は、私が前の病院で出会った人々のまなざしとも重なった。ここでもう一度頑張ろう。私は決意した。

改革への確信

当時の病棟開放化をめぐる詳細については類書に譲るとして、私が再び精神病院に希望を見出そうとした所以を補足したい。

精神科医師連合の影響下にある彼ら医師は、その頃盛んだった保安処分反対やロボトミー告発など一連の闘争にもかかわりながら、医師である自分の存在や患者といわれる人たちの置かれた状況にもこだわっていた。患者と同じ目線になること、医師である自分たちの存在が問われていること、社会から彼ら精神障害者を排除する考えこそ正されるべきであることなど、本質的な議論をしていた。また、こうした理想論とは別に、患者の小遣い＝金銭管理をどうするか、外出制限をどう減らすか、危険物の持ち込みはどこまでにするかといった現実的な諸問題にも真剣に取り組ん

でいた。

私は入職してまもなく、この人たちは信用できると心から思った。そして、病棟開放化の機運が各地に広がれば、最初に勤めた収容所のような精神病院の改革にもつながっていく。いつか、きっと、できるはず。そう確信した。

始動

当時、病棟開放化の全国モデルといえば、群馬県三枚橋病院だった。院長の強いリーダーシップのもと、全病棟開放を成し遂げていた。瀟洒な建物には美しい置物や大きな花瓶に入った花などが飾られ、患者は鍵のない空間を自由に行き来する。週末の夜は名物のディスコがあり、院長をはじめ職員が患者といっしょに踊る。それまでの精神病院のあり方を根本から覆していた。

精神病院への現場復帰をはたした翌年、B病院でも同病院を見学することになった。病棟開放化へ向け、主だった職員は皆訪れた。鍵をかけずに処遇できること、中にいる患者が自由にのびのびと過ごしていることを目の当たりにし、精神病院もこのような場所になれる、したいと心底思ったのは私だけではなかった。

そうはいっても、収容所的な体質の病院を変えていくのだから、鍵を開けるだけでは成功しない。やれるところから取り組もうとなった。

代理行為

何から始めるか。その前提として、「精神病院」という場所は、

あらゆるところで職員が代理行為をすることで患者の日常が成り立っている。内科や外科のようにベッド横臥や術後の安静が必要な患者と違い、身体は健康なので起床後は布団を上げるように指導される。

その一方で、人の生活のなかにふつうにあるはずのもの、たとえば散歩や人づきあい、金銭を所持して使うといったこれら自由な行動は、精神病院ではすべて奪われる。鍵をかけられた中にいることを強いて、すべてを制限つきにすれば、職員の仕事はおのずと監視と日常生活の代理行為になる。それが長く続くと、上げ膳据え膳で何もかも職員に決定を委ねるという患者としてのあり方が習慣化・固定化し、いつしかそれは全員にとって都合のよいものになっていく。

意識改革

患者には症状の強い人もいるし、鍵をかけないことへの家族の不安や反対もある。病院近隣との関係もある。開放化を望む職員の側にも根強い不安がある。だから「開放化」といって、ある日鍵を全部開けて、さあすべて自由にしてくださいというわけにはいかない。その前に、全員の意識変革という大きな仕事がある。

Ｂ病院でその試行錯誤は３年におよんだ。小さな変化を積み上げて、少し後退しながらまた一歩進めるという地道な歩みである。病棟開放化へ向けた活動をざっと列挙すると、付き添いなしの外出や外泊、散歩や電話の自由化、小遣い（現金）の自己管理、院内に売店や喫茶店の設置、開放化の理解促進のための家族面談や家族懇談会、患者懇談会、イベント開催による地域交流など。

こうした一連の活動のなかで、職員の意識も変化していった。一例を紹介したい。

小遣いと売店

患者の小遣いはすべて事務所管理になっていたが、病棟が開放されたら自分で外の店にも行けるようになる。しかし、病院の近くにこまごましたものを扱う店がなかったため、院内に売店を作ろうと決まった。今まで患者の小遣い額を記入し、希望の品物の代金を引き落として伝票を渡す仕事をしていた事務職員が一転して売店の担当になった。

最初のうち、「1か月の小遣いを渡したらすぐ使ってしまう」「盗まれたり失くしたりしたらどうするのか」と不機嫌そうに異論を唱えていたこの人は、買い物の仕方や近所の道を患者に教えるうちに頼りにされ、楽しそうに仕事をするようになった。

当初は反発しながらも、議論を重ねたり新しい情報を得たりするなかで、今までのやり方を見直さなきゃいけない、確かに患者さんの人権は大事だと変わっていく職員の様子は、積み重ねの大事さを私に教えてくれた。革新的に見える病院も、一歩中に入れば今までの常識がそのまままかり通る。しかし、病棟開放化へ向けた粘り強い取り組みは、そうした旧態にまさった。

すると病院は居心地のよいものになる。売店で患者が職員と自然なおしゃべりをしていく様子や、外来の医師も交じって一緒に笑う姿も見られるようになった。そこから今度は喫茶店をつくろう、その一角で作業をする場もつくろうなど、自由なアイデアが押し出されるように生まれていった。

たばこの自由化問題

　ただし、病棟開放化へ向けた取り組みには、医師や看護婦、患者、経営者などそれぞれの立場にそれぞれの思惑と本音がいつも微妙に交錯していた。一例は、たばこの自由化だ。

　昔の精神病院で、たばこは自由の象徴だった。1日5本とか10本とか決められ、配給の時間になると詰所の前で、職員に火をつけてもらうのが日常の光景だった。坊主頭に肌着のシャツを羽織った集団がたばこの配給を並んで待つ姿は、戦後30年経った一般社会とは隔絶されたものであることを思わせた。その状態は隔離収容の象徴のように見えたから、病棟開放化の一環として、私たち職員はたばこの自由化にこだわり、実現に結びつけた。今では考えられない話だ。

　しかし、患者が24時間いつでもどこでもたばこが吸えるようになった晩、病棟2か所とごみ箱が燃やされる放火事件が起きた。幸い小火で済んだが、患者からは、たばこの管理や所持検査を今までどおりにしてほしいと要望された。「鍵のかけられた部屋で火事が起きたら焼け死ぬのは俺たちだ」という当然の不安だった。頑なに開放化を進めていたのは職員のほうである。

　一方では、「ついでに金銭管理もしてほしい」など逆行するような希望も出され、誰のための病棟開放化なのかという疑問もふつふつと湧きあがるようになった。一つひとつの活動は貴重で、現代の精神病院における人権擁護の礎にもつながっているものだが、理念は具現化するときに別の顔も見せる。開放化が茨の道であることを、懸命に取り組むほど皆が感じてもいた。

消耗

　そして、こうしたすれ違いは、病院組織の中に小さな意見のずれや微妙な反目をうみ、それぞれの立場の違いも相まって、解決不能な経営者と労働者の対立の様相も呈してきた。

　病棟開放化を担う理想主義の集団において、意見の衝突や感情的な対立が続けば、行き着く先は内ゲバ的状況と内部分裂だ。B病院でもあっという間に亀裂が広がり修復できないほど大きくなり、離職者が相次ぐようになった。その渦中にいた私の心身の消耗も激しく、何も見えなくなって堂々巡りの自問自答が続いた。そういうときは患者さんも落ち着かないから痛ましい事故も続いた。うつ病からやっとの思いで復職した直後に遭遇した事件も、私を徹底的に打ちのめした。やがて喘息も発症して、私は5年続いたこの職場を去った。

　全国各地で花開いた開放化の運動は、5年後10年後には翳りを帯びてくる。何十年もの隔離収容の歴史で隅々まで固まってしまった民間病院の体質の改革は、実際はかなり難しかったのだ。その間、職員全体に悲惨な病院の暮らしを変えてゆこうという必死の努力があったこと、それに希望を抱いてついてきてくれた患者さんたちが確実にいたことは事実である。

　内部崩壊していくのをどうにもできなかった自分の未熟さ、非力さもたまらないが、各地で同様に衰退していった開放化運動を思うと、暗澹たる気持ちになる。おそらく精神医療の歴史のなかで最も病院が動いて現場の変化が実現した時代だったのだ。もし、あの頃各地でみんながぐっとこらえて現場を維持していたら、今の精神医療はずいぶん違っていたはずだ。

第2節

地域生活改革時代

 ## 最後の病院　1982-1986　33〜37歳

　数年前の新聞記事に職員の暴言と威圧的な態度で悩む精神科病院職員の転職相談が出ていた。「何を言ってもわからねえ。馬鹿だから」「なんでも食って死ねばいい」「退院してのたれ死んでもかまわねえ」といった言葉の暴力が飛び交う収容所のような病院で働き続けるかどうか悩んでいるという内容だった。
　私がその中にいた時代から何年経ったのか、まだ終わっていないのかと暗澹たる気持ちがした。隣にいた入院歴のある50代の男性が「こういう言葉だった、本当に。人間扱いじゃない。思い出すと具合悪くなりそう」とつぶやいた。

再就職

さて、私が最後に勤務したC精神病院は、当時の精神療法の大御所といわれる医師がいたことがあり、その門下の医師が多く、長期入院はさせないとの姿勢をしっかり持っていた。開放病棟は2割だが、それでも医師の大半が患者の病気をよくして退院させる方針だったため、退院希望はたいてい聞き入れられ、外来患者の数も多かった。

その反面として、患者の再入院も多く、時に40回とも50回ともなる再入院は「回転ドア方式」と揶揄され、この病気（主には精神分裂病：現・統合失調症）の不安定さが強調されていた。

私はといえば、B病院を退職した翌年、再就職した。A病院のときのような、人権侵害の極みに遭遇した苦悩や失望による退職ではなかったため、健康状態を持ち直せば復職に無理はなかった。

バブル景気と院外作業

もう一つ、この頃の世情を前置きしておく。当時、バブル景気に沸く日本では製造業が元気で、院外の作業所先がたくさんあった。精密機械やプリント基板をつくる小さな工場などで、入院中の患者さんが工場職員の人たちとベルトコンベアで一緒に働いていた。

もちろん、従業員の位置づけではないから何の保証もない。人手が足りず、パート勤務の半額にも満たない賃金で働いてくれるなら会社には好都合で、背後には病院がついている安心もある。

家族の受け入れがない長期入院の人などは、恰好の対象だった。

　他の病院でもこうした院外作業は当たり前で、1972年で1万人以上の外勤者がいたというから、当時の入院患者28万人のおよそ1割は地域で働いていたと思われる。身体障害者雇用促進法の創設が1960年で、障害者の雇用義務化は1976年。しかし、精神障害者はこの法律から外されていた。障害者雇用とは無関係なのに、患者たちは日本全国津々浦々で「作業療法」という名目で、大いなる労働力を提供していたのだ。知的障害者の支援者がこの人たちの働く場を求めて地域の工場に交渉すると、「精神病院から患者さんが大勢来てますので」と断られてもいた。

　あの時代、どうして誰もこの矛盾を指摘しなかったのだろう。一生懸命働いて日本の高度成長に貢献しながら、住まいの精神病院では大変な人権侵害を受けていたのだから、誰が考えてもおかしな話だ。

堂々巡り

　そういう時代背景のなかで、私は病院ワーカーとして再起した。退院させる病院でもあったから、ワーカーとしてはそれならと、院外作業先の職場と交渉して最低賃金を保証する給料を決め、住み込み先を提供してもらって退院を狙った。病院の近くにアパートを借りたり、周辺地域を訪問したりとできるだけ動いた。

　ところが、患者さんは退院して3か月もてばいいほうで、1週間から3週間で病院に戻ってくる人が続出した。雇用主からは「病院から働きに出てもらったほうが安定するし、長続きもする。入院のままにしてくださいよ」と言われ、患者は体調を崩して戻っ

てくるから閉鎖病棟から出直しの人も多かった。すると、看護婦からは、「帰ってきて面倒をみるのは私たち。彼らはここでのんびりしているのが幸せなんだ」と陰口をたたかれた。

　何とか在宅生活を維持するために、退院後も開放病棟に遊びに来てもらうようにしたり、友達同士のアパートを訪問しあってもらったり、自活できるように料理教室を開催したりと、工夫を凝らしたつもりだが、結果はあまり変わらなかった。

　担当した患者さんが衰弱して戻ってきて、「病院が一番ほっとする、もう出たくない」とつぶやくときはどうしようもない徒労感に襲われた。おんなじだ、最初に就職したあの病院のあのときと……。

　何をすればいいのか。病気のもつ脆さや危うさ、再発の不安に加え、絶望や混乱からくる自殺の恐れもある。私は退院の手伝いという仕事自体が怖くなっていった。

M さん

　そんなある日、入退院を繰り返していた患者Mさんと地域にできた共同作業所を見学に行った。訪れてみて、そこの女性スタッフの底抜けに明るい姿と利用者の生き生きとした表情に、私は目を奪われた。そして、自分自身を情けなく思った。

　統合失調症は再発再入院を繰り返し、やがて生気も表情も失われていく運命にあるものと、いつのまにか思い込んでしまっていた。ホスピタリズム（施設症）に陥っていたのは、病院の常識の中で長年生きてきた自分のほうだったのだ。

　やり方が間違っていた。病院の収容性に心の底から怒り、権利

侵害に対決しながらここまで来たのに、精神病院の中でエネルギーを費やし負け戦を繰り返しているうちに、あきらめの気持ちになって病気の大変さばかりへ意識が向かうようになっていたのだ。いつのまにか大いなる偏見まで身につけて。これは違う。私は今、間違ったところに来ていると強く思った。

転機

　作業所に通い始めたMさんは、二度と入院しなかった。そして外来に来ると、作業所の様子やそのよさを毎回語ってくれた。プログラムや活動内容はもちろんのこと、職員構成から補助金の話まで、その場でわからないことは宿題にして、次の外来時には資料を持ってきて説明してくれた。どれだけこの人に教えられたことだろう。

　東京都が共同作業所の補助金事業を開始したのは1981年。それから5年経って補助金も充実してきたから、都内では次々と作業所ができているという。「病院やめて作業所づくりをしている人もいるらしいですよ」と、そそのかすように私の目をじっと見て彼は言った。そうか、もしかしたら作業所を仕事にすることができるかもしれないのだ。聞けば聞くほど病院とは違うところだ。何よりMさんは話し方といいその内容といい、会うたびに変わってきて、再入院の予感などまったくさせない。これが探していた答えなのかもしれない……。

　そうか、作業所だ。病院やめて作業所を作ろう。ある日の夕暮れ、病院から出て行く彼の後ろ姿を見送って閃いた。そうでなければ、私は一生、鍵をジャラジャラさせて病棟を走り回る存在で

終わってしまう。私の思いも決意も、ここに辿り着くことが目的ではなかったはずだ。

2 共同作業所の設立
1986 - 1989　37〜40歳

門出

　そうはいっても、当時、私は離婚して母子家庭になったばかりだった。まずお金がない。病院ワーカーの仕事はそれなりに安定しているし、信用もされてきた5年目だった。ここで転職するのは、幼い子どもたちにとっても厳しい。でも、作業所はやりたい。

　そんな自問自答を繰り返していたある日、勤めている病院の対応がひどいと愚痴を言い合っていた友人二人に思いをぶつけてみた。彼女らとは家が近所で子どもは同じ保育園、別々の病院で働く同業者だ。病院の変わらなさのなかで同じように疲弊し、子育てを協力し合う身内のような存在だった。

　すると、「なら一緒にやろうよ。お金は天下の回りもの、あとからついてくるよ」「そうだ、自分たちの住む町でやればいい」「職住（仕事と家）接近か。それなら子どもたちにかかわれる時間も増えるんじゃない」「このまま病院にいてもしょうがないよ。やろうやろう」と、強力に背中を押してくれた。一緒にやってくれ

るなんて。

　一人だと心細くても、一緒にやれば怖くない。まず私が病院や
める、作業所の職員になるからと宣言し、Ｃ精神病院を退職した。
そして、希望を胸に、あれこれ動き回るハイテンションな日々が
続いた。

資金づくり

　共同作業所の立ち上げに確たる当てがあったわけではない。夢
と希望と仲間が原動力だった。Ｍさんが教えてくれた東京都の
補助金事業を申請した。立ち上げを予定している地域は生活の拠
点でもある国立で人脈もあるからと、バザーもやることになった。

　ちょうどその時期は子どもたちの学校や保育園の役員もしてい
たので、市内の人脈は広く、また、その年はチェルノブイリ原発
事故があり、いろいろな形の市民運動が地域で盛り上がってい
た。それまで一市民として参加していた集会に作業所の設立準備
委員会の協力要請のチラシを持っていくと、わっと人が集まって
くれた。

　1986年というとバブル景気の最盛期、日本のGDPが翌年に世
界1位になるご時世でもあった。どの家庭にもたくさんの贈答品
や不用品があったようで、バザーもけっこうなお金になった。こ
れはいいと何回も催した。その過程で共同作業所の賛同者や協力
者も増えていった。

180

場所探し

　場所については、最初は難航した。自分たちが住む地域で作業所をつくるといっても、一人の利用者すらいないのだから、市に交渉してもけんもほろろだった。向こうから見れば、何の信用もない口先達者の女集団に映っただろう。おまけに、精神障害者のための作業所の場所を探すというのは、差別や偏見に満ち満ちていた当時は不可能に近かった。

　あちこち断られて前途多難だとぼやき始めた頃、私たちとは別の動きのなかで作業所をつくろうとしていた精神科医と保健婦に出会った。精神科医は国立保健所の嘱託医だった石川義博先生、保健婦は国立市の松沢エミコさん。すぐに意気投合し、石川先生には設立準備委員会の運営委員長をお願いした。

　松沢さんはまもなく、古い一軒家の物件を探してきてくれた。JR 谷保駅の裏手にある一軒家が長年空き家状態で近隣の頭痛の種だったとのことで、その後家主さんに会うと、修繕を行った上で貸してくれ、しかも都の補助金が入金される 4 月からの家賃支払いでいいという。後日、この家主さんは急逝されたが、遺族がこの土地の寄付を申し出られた。JR の駅近くにある 20 坪の土地である。無償で手に入ったのだから、驚きしかなかった。

名づけ「棕櫚亭」

　共同作業所は、同年 9 月に設立準備委員会を発足し、翌年の開所を目指して準備を進めていった。その間のエピソードとして、作業所の名前について紹介したい。

場所を確保できてほっとして間もなく、作業所の名前を付けなくちゃと改築が済んだ一軒家に運営委員とボランティアが集まった。飲み屋の常連が多いせいか、大黒屋やとまり木といった候補が出されては消えた。決定打がないまま深夜になった頃、誰かが「棕櫚の樹がたくさんあるからそれを使おう」と提案した。

　この一軒家には棕櫚の樹が何本も生えていて、修理したときは根も深く、丈もかなり高くて大工さんたちを悩ませた。この手ごわさ、図太さがいい、地域にしっかり根を張るという意味になると一気に賛成が集まった。そこから、棕櫚の樹荘、棕櫚ハウスなどいろいろ書き出していき、「棕櫚亭」に辿り着いた。次に何度も繰り返し発音してみて、「しゅろってい」の語呂がいいと一致した。こうして誕生した名称が「棕櫚亭（しゅろってい）」である。

　しかし、呼びにくい、読めない、書けないと不評のネーミングだった。ちなみに、作業所立ち上げの当初から発行している通信誌「はれのちくもり」も、「どうして、くもりのちはれじゃないのか」と指摘を受けた。明解には答えづらいが、爽やかで希望に満ちた障害者の集まる場所というイメージをあえて壊したいと思っていたように思う。精神病院から地域に飛び出して、このまま黙ってはいないぞという気分だったのだ。

みんなでごはん

　棕櫚亭は、1987年の4月に開設した。試験的に1月から段階的に開所していった。職員は、病院をやめた私ともう一人の女性、藤間陽子さんの2名体制。最初は、ぽつぽつ集まってきた人たちと一緒にご飯をつくって食べるところから始めることにした。利

用者は、精神病院を退院している人たちである。一人100円を持ち寄ってメニューや役割を決め、買い物もする。温かいご飯を食べて、ゲーム感覚で洗い物や掃除当番を決め、終わったらお喋りして夕方に解散する。男性の一人暮らしばかりで、3杯4杯のおかわりも普通だったから、お米代が気になった。

　精神病の人は飽きっぽいとか長続きしないとか言われていたが、この生活が楽しかったようで皆休まず通ってきた。長期入院だった人は、生活保護受給者がほとんどだった。地域で長年行くところがなく、ひきこもって家族に扶養されている人もいた。お金もなく昼間行くところも友達もいない人ばかりなので、皆で食事ができ、話ができる場は本当に嬉しかったのだろう。

　仲間意識や連帯感、お互いが助けあって生きる力を蓄えていく文化が、作業所の日常のなかで自然に育まれていった。作業所が休みの日曜日に足を悪くしたメンバーの家に皆で行き、鍋をつくって食べたと聞いたときは嬉しかった。

理念まさる

　つらいこともあった。始まったばかりの作業所は、不安感や対人関係問題で揺れ動く人、自殺願望の強い人も多く、開放病棟でつき合っていた安定した統合失調症の人たちとは様子が違っていた。けんかもトラブルも多々あった。自宅でのリストカットや過度の飲酒、発作なども日常だった。

　そんなとき、「難しいことは明日に回して、今日はお茶でも飲もう」「とりあえず今日は乗り切ったね」というふうにまとめながら、内心は自分たちもひきつっていた。皆とどこまでも横並び

でありたいという正義感に支配されて無防備だったとも思う。毎晩電話をかけてくる人もいたし、家までついてきて帰らない人もいた。飲酒にとことん付き合って二日酔いでのた打ち回る日もあった。補助金が支給されて初めて10万円の給料をもらったときに「どうして職員だけなんだ」と言われて絶句したこともあった。乗り越えられたのは、夢と希望で立ち上げた私たち二人の強い結束とお互いへの絶大な信頼があったからである。

　お金のことについては、いつも頭の中にあった。作業所としての形を維持していかなくてはならない。補助金確保のため、連日のように東京都と掛け合ったり市役所詣でをしたり。
　貧乏といえば間違いなく貧乏だったし、苦しいといえば間違いなく苦しかった。でも、先行き不安はあっても、あまり深刻になることはなかった。理念先行型だったせいか、バブルという時代の空気のせいかはわからない。そのことより、意味のある仕事ができるのかどうか、どうしたらいいのかをいつも思い巡らせていた。病院に患者さんを置き去りにしてきたのだ。ここで皆の役に立つこと、先が明るくなることをしなければ、いつかきっと変わる……に届かない。意識のなかではそちらのほうがまさっていた。

再発なし

　数々の市民イベントに参加したり、バザーを企画したり、お金をかき集めて皆で旅行に出かけたり、そんな日々を続けて1年を過ぎた頃、ふと気づいた。誰も再発しない。かなり言動が怪しかったり、このまま生活できるのかと思っていたりする人が、毎日来

て、食卓を囲み、薬を飲んで、話をして、案外暮らしが成り立っ
ている。

　これが作業所の持つ力なのだと知って嬉しかった。病院を辞め
たことには意味があった。病院の中ではあんなに多かった再発を
減らす役割を持てたのだ。なんであそこまで厳重に管理して、長
年病院に閉じ込めなくてはならなかったのだろう。

2 年目、3 年目

　トラブルはあっても再発はほとんどないこと。それは稀有な実
践なんだと運営委員や周りの人たちが力強く支持してくれたのは
大きかった。いつもしっかり支えられていたので病院時代のよう
な孤立感はまったくなかった。それは自信にもつながった。

　こわごわとスタートした活動が安定に向かったので、2年目は
人件費補助が高いランクの補助金を申請して受理され、運営委員
だった女性、満窪順子さんが作業所の三人目の職員となった。細
身の身体に似合わない大胆な行動に走るこの人を加えて余裕がで
き、バザーのほかパペット人形劇、べろ亭、やきものキャラバン、
DCブランドセールなどユニークなイベントにも取り組んだ。

　3年目を迎える頃には、たまり場、憩いの場だけではない一歩
進めたものが必要との声が運営委員会の中からあがってきた。利
用者には生活保護単身者も多く、工賃の高い作業を希望する声も
多かった。都内の精神病院の8割がある多摩地域に隣接する土地
柄である。この地域に作業所を広げていく必要性やその可能性に
ついて話し合うようになった。

可能性を求めて 1990-1996 41〜47歳

第二作業所「棕櫚亭Ⅱ」

　1990年、「食えて稼げてくつろげる」という標語のもと、もっと働くことを意識した二つ目の作業所「棕櫚亭Ⅱ」を開設した。拠点は、立川市内の2LDKのアパート。このとき加わった四人目の女性、寺田悦子さんも、それまでの三人と同様にパワフルだった。棕櫚亭の基礎を築いていった女四人は、その後「四人の魔女」といわれるようになる。

　棕櫚亭Ⅱでは、お金を稼ぎたいという動機の強いタフなメンバーと、やる気まんまんの職員の思いが重なり、外作業中心のプログラムができた。しかし、最初に始めた弁当宅配は、お互いをよく知って協力し合うという関係がうまれる前だったことや、2LDKの狭すぎる空間が災いして休みがちの人が増え、半年後に中止。それでもと公園清掃や生協のダンボール仕分け、ゴルフ場の球拾いなど次々と請け負い、そこに職員も参加して、盆休みも正月も休みなしの仕事を皆でこなしていった。アパートから飛び出して行った皆の表情は清々しかった。

　外作業やアルバイトをかき集めた棕櫚亭Ⅱは活気のある場になり、棕櫚亭の就労支援の原形はここで芽生えたのだと思う。

　しかし、作業所にはいろんな人が集まる。存在感の強過ぎる人や病状の揺れ動く人もいて、狭い空間では不満や揉めごとが増え、体調悪化や長期で休む人も出てきた。その解決のため、棕櫚亭Ⅰ

の利用者に棕櫚亭Ⅱに行き来してもらう。彼らはお祭りや大きな
イベントに一緒に出掛けたり、近所の病院と野球大会を行ったり
して、チームワークや一体感をつくってくれた。女性ばかりの職
員を陰になり日向になり支えてくれたのだ。

その後、棕櫚亭Ⅱは広い場所に引越して、一人ひとりの希望や
思いを受けとめながらグループをつくっていくことで安定を図っ
ていった。こうして、利用者は困ったときにはいつも助けてくれ
る心強い存在になってきた。

第三作業所「棕櫚亭Ⅲ」

2か所の作業所は、順調に利用者が増えていった。しかし、今
度は外作業中心の流れに乗れない人が出てきた。作業所はどちら
も満杯になりつつあり、このままでは長期入院者の受け皿になれ
ないとの意見が運営委員会の中であがってきた。

そこで1993年、3か所目の作業所「棕櫚亭Ⅲ」を開設した。「寛
いで寛いで……、もう帰ろう」というⅡとは正反対の標語をつく
り、精神病院から利用者を迎えるのんびりした場所となることを
掲げた。すでに退院している人ではなく、精神病院に入院してい
る人に使ってほしいと病院に何度も出向いて説明した。

トゥリニテ

3か所めの作業所となった建物は、白い壁に蔦のからまる二階
建てのレストランの跡地だった。階段を上るとオードリーヘップ
バーンのポートレートが目に飛び込んでくる。これまで古い一軒

家、狭いアパートと場所探しに苦労していたが、ここでは新しい
何かができる予感があった。

　二階はのんびりした作業所「棕櫚亭Ⅲ」にした。一階は元のレ
ストランをそのまま使ってレストランにして、別枠でメンバーが
働ける場所にして「トゥリニテ」とつけた。フランス語で、もと
もとはキリスト教の言葉で三位一体という意味。響きが気に入っ
たのと、3つの作業所の連携や一体感を意識したのもあった。し
かし、またしても言いにくい、覚えられないと不評のネーミング
だった。ここでは、JAZZ喫茶のようなつくりを活かして、お客
を呼び込むためにカレー屋にしてみたり、生ビールを出したりと
いろいろ試した。そういえば、ビールを捌ききれずに夕方職員を
動員して飲みまくったこともあった。のちに職員になるベテラン
主婦たちがパートとして働き、メンバーをアルバイトとして雇用
するやり方が定着し、2年ほどかけて「おいしいランチの店」と
して形になった。

　外部の人との打ち合わせの場にもなり、OBや友達がふらりと
来て時間を過ごしていくなど、レストラン・トゥリニテは一時期
私たちの活動の中心になった。

友白髪

　棕櫚亭Ⅲは、思惑どおり多くの病院からたくさんの利用者が集
まってきた。レトロな雰囲気だったから、絵画教室やお菓子教室
もよく似合った。音楽の話も多く、ゆったりした時間と空間が確
保されていた。利用者が入院中の人を次々紹介してあっという間
に一杯になって、職員は忙しく、病院とのやり取りや同行、生保

職員へのつなぎや会議なども多かった。

　そんななか、一人が具合が悪くなると狭い空間では逃げようもなく、次々と体調を崩す人が出たりもした。時には被害妄想が伝染し、不愉快な空気が狭い空間に張りめぐらされることもあった。こうした連鎖が時々起こるのは作業所の宿命なのだろうか。擬似家族的関係になったときの距離のとれなさは、空間の問題に起因しているのかと思い悩んだ。

　この時期、利用者と職員の「友白髪」という言葉があちこちで自嘲的に語られていた。作業所というある種特殊な入れ物の中で全員が年を重ねていくのに、誰も卒業したくない、できないということが、軽いあきらめの調子をもって語られるようになった。「夢の島だよね」とあるメンバーがつぶやいた。地域から橋を渡ってやってきて、寝るときにまた帰っていく特別な場所だよねと。むむ……、それではまるで地域の開放病棟だ。

誰も卒業しない場所

　のどかなたまり場から出発して（棕櫚亭Ⅰ）、働くことを意識した場をつくって（棕櫚亭Ⅱ）、その反動から再び緩やかな場をつくって（棕櫚亭Ⅲ）と、堂々巡りにも似た実践と議論を続けてきた10年であった。精神病院から出てきて、やっと自由に暮らせたのだ。再発もしないで安定してきた。それはよかった。それなのに、なんで利用者は些細なことで揺れ動いたり、職員はこんなに息苦しくなったりするのだろう……。

　ある若い見学者がつぶやいた。「こんなぼろっちいところに通うのか」。そうか、時代から取り残されたような、狭くて古い建

物の中で一緒に年老いていく形をつくってしまったのだ。それは
そうだ。誰も卒業しないのだから。

　運営委員会でも毎年活動の総括をしていたため、作業所で就労
の真似事をしても、社会で働くまではいかないことも話題になっ
ていた。さらに、無認可でしかない組織の行く末を案じて離職し
た男性スタッフもいて、職員の身分保障なども急務であることが
議論された。

　そして、私たちは次の展開に軸足を移すことになった。

四人の魔女

　棕櫚亭の創設者四人は、意思も志も相当強い同年代の女性たちで
ある。女性ばかりの組織はすぐに分解するといわれたが、10年で
3か所の作業所を立ち上げ、社会福祉法人の設立に邁進した勢い
と迫力から「四人の魔女」といわれるようになった。

・天野聖子……筆者。
・藤間陽子……設立時の職員二人のうちの一人。30年間棕櫚亭に
　　　　　　　勤め、2016年に定年退職。棕櫚亭に温かな文化を
　　　　　　　つくり、伝え続けた功労者。
・満窪順子……設立2年目に入職。2009年に退職し、精神障害者
　　　　　　　の地域生活支援の場を立ち上げる。現在、一般社
　　　　　　　団法人たまぷらねっとの代表理事。
・寺田悦子……設立4年目に入職。2006年に退職し、訪問看護ス
　　　　　　　テーションを立ち上げる。現在、株式会社円グルー
　　　　　　　プ代表取締役社長。

立役者

　棕櫚亭設立時からの重要な立役者で、私たちが全面的に信頼した
のが精神科医の石川義博先生。現状変革、地域改革に熱心で、運
営委員長会長、理事長を歴任してくれた。連続射殺事件の刑死者・
永山則夫の心の闇を解明した第二次精神鑑定でも知られる。

第3節

就労・生活支援開拓時代

 新たな胎動　1996-1997　47〜48歳

　働くということは、案外大変なことだ。まず休んではいけない。休まず仕事に行き、与えられた仕事を時間内にこなす。同僚とも協調して、会社独自のルールに従う。簡単そうで難しいのは、これを毎日続けなければならないことだ。
　とりわけ病気に波があり、疲れやすい、ストレスに弱い特性を抱える精神障害者にとって、これを続けることは高いハードルになる。民間企業では障害者だからといって福祉施設のように「あなたはそのままでいい」とは言ってくれない。他の同僚だって必死に頑張っているし、最低賃金は払ってもらうのだから、会社の戦力になることがそれなりに期待されてもいる。精神障害者のほうも、病を持つ身には厳しいけれど、病気から回復した後は社会で普通に働きたいと多くは願っている。

だから、働く前の、言い換えると、高い山を登る前の入念な準備、ウォーミングアップが何よりも大切なのである。

限界突破へ

共同作業所は病院から地域へ向かう流れをつくり、東京都内では最盛期は200か所を超えた。それぞれが自由なあり方を模索し、安全安心な場所に毎日通え、仲間がいて存在を大事にされる場所で、彼らは病気を宥めながら自信をつけていった。作業所が果たした役割は大きい。

だが、10年すればどんなに盤石に思えた組織も変わるし、時代も変化する。制度も変わる。これらを受けておのずと活動の限界も見えてくる。棕櫚亭Ⅲのトゥリニテが売りにしたレトロな雰囲気は、今の若者には老朽化した建物に見え、何でも好きなようにという雰囲気は同時にそこで身につけられるものの乏しさを感じさせる。10年経っても変化のないままここにいるのかという失望も時に生まれる。

ITやグローバリゼーションの語が出現したこの頃は、長期入院者で社会生活に恋い焦がれてきたそれまでの利用者とは求めるものも違っていた。学齢期を普通に育ち、途中で発症して治療へ至った彼らが、病気が落ち着いて失ったものを取り戻そうと思うとき、「一般就労」への願望が頭をもたげてくるのは当然だ。作業所でも、いろいろな形で就職を応援したが、どれも成功せず、誰も長続きしなかった。当時、福祉施設からの民間企業への就職者は1％といわれていた。

通所授産施設

　では、どうすればいいのか思い悩んでいた1996年、立川職業安定所（ハローワーク）の非常勤相談員になる機会が巡ってきた。その前年（1995年）の障害者雇用促進法の改正後、精神障害者相談員がハローワークに置かれるようになり、JHC板橋会の寺谷隆子さんが東京・渋谷で第1号の相談員になっていた。都内で2番目の相談員になることを要請され、ここで企業目線を知ったことが大きな転機になった。

　それまでは職場さえ確保できれば就職は可能で、とにかく理解ある事業主を見つけることが就労実現の要と思い込んでいた。ところが、企業が望んでいたのは、その人が「採用後にきちんと働けるか」どうかだった。よい雇用主も悪い雇用主もない、障害者の雇用拡大は緩やかながらも時代の流れであり、私たちがすべきことは、働きに行く主体の変化を促すことだった。

　答えは簡単だが実現は難しいこの部分こそ取り組むべきと直感し、それはトレーニングであると確信した。当時、棕櫚亭Ⅱ・Ⅲでは早い時期から就労に取り組み、すでに多くのことを学んでいた。特にⅢでは、一階のレストラン部門と二階の作業所を合体し、ランチをメンバーが配食し配達するという作業を興して活気を取り戻していた。ここでは、お客様目線で作業に取り組むこと、そのために料理の質にもこだわること、地域への宣伝も忘らないことを掲げていた。

　作業所のメンバーからは、「もう安定した。今度は働きたい」「作業所ではない働きに行くための場がほしい」という声が聞かれて久しく、機は熟していた。

時代の変化と利用者の切実な願いに大きく背中を押され、1997年、私たちは通所授産施設「社会就労センター・ピアス」を設立した。この設立と並行して棕櫚亭は法人格を取得し、「社会福祉法人多摩棕櫚亭協会」となった。

方向性

　1997年4月、新たに開設したピアスでは、就労支援を進めるにあたり、次の4つを方向性として確認した。
　・作業所と同じことはしない、密度の濃い作業をする
　・完全通過型のトレーニング施設にする
　・社会で働きたい人を対象にする
　・訓練と結びつく職場を探す
　まず、食にこだわり働く体をつくるというトゥリニテの体験を授産種目に取り入れた。本格的な「弁当宅配部門」や「喫茶部門」、就職可能な清掃を狙った「環境部門」といった授産作業が早々に決まり、各作業所から就職希望の利用者が続々と移ってきた。就職のための教育を担う座学としての就労プログラムも立ち上げた。
　授産事業を安定させることに追われていたが、2年目に入ると「ここでずっと働きたい」という希望が続出した。それでは4つ目のきれいな作業所になってしまう。それは違うと何とか就職への道をつくろうと他施設の見学を何回も行った。当時、本格的な通所授産施設といわれるところは、身体障害者や知的障害者を対象として、企業から製作工程の一部を受注して工賃も高い、まさにずっと働ける所だった。

一方、精神障害者の授産施設は小規模で、おしゃれな店やパン屋などをつくり始めていた時期だ。地方では、土地も広いから街にとけ込んだ素敵な店が多かった。そのうちの一つを見学した際、「ここから出るのは大変だから、一人ひとりにあった受け皿を考えてやりがいのある働き場所をつくる。次は駅前、その次は隣町」と言っていたので驚いた。
　ということは、永遠に場をつくり続けなくてはならない。もし、補助金が減額されたら総崩れもあるし、そもそもいつまで経っても社会に出られなくなる。日本にはモデルがなかった。

2 就労支援へ　1998-2000　49〜51歳

コナードハウス

　そんな折、アメリカ・カリフォルニアの当時者活動を見学する機会に恵まれた。またも JHC 板橋会の寺谷隆子さんが誘ってくれたツアーだった。
　数ある見学場所の一つに「コナードハウス」という小さな事業所があった。サクラメントの目抜き通りに小さなお店を構えるそこでは、訓練を終えた精神障害者の全員が卒業していく。病院から退院してきて地域のホームから通う人が多かったが、時期が来ると就職相談員がやってきて、就職探しと職場定着を行う。

見学ツアーで他の場所へ移動しなくてはならなかったため、そこの責任者である心理士のレスリーさんに、ピアス職員のホームステイを必死にお願いした。快諾されて戻って間もなく、若い職員（現理事長）を送り出した。そして、1週間のホームステイを経て彼女が持ち帰った答えは、「ゴールのないトレーニングはない」ということだった。ゴールの設定、そこに答えがあった。

覚悟

コナードハウスでは、完全な通過施設にするためには全員を卒業させることだと言われたという。卒業までの期間は9か月。何人かが残れば、また次の年に何人か残り、その数が積み上がっていくと、5年10年後にはまた出口のない場所になってしまうからだ。

これだと思ってピアスで提案したが、周りは反対の嵐だった。具合の悪い人もいるから再発の危険もある、追い出してしまうのか、そこまでして就職させる意味があるのかなどが主な理由。なかでも医師たちの反対は強く、患者を引っ張り過ぎてあげくに再発したらどうするのか、精神障害者は低め安定でいいんだという、またもや昔の議論が蒸し返された。

今では当たり前になった利用期限設定は、当時はかなり非難もされた。反論しながらも自分自身がそれに共感する考えも同時に持ち合わせていたため、一度決めたことを次の会議でひっくり返すなどして、半年も議論した。

そして、ついにこれ以上先送りできない、このやり方で先に進むと決議した。「訓練を成功させるには卒業というゴールが不可

欠」との覚悟を決めたのだ。周囲の批判に応えるため、また自分自身の不安を消すために、厳密な個人担当制をつくった。

　障害者自立支援法に期限付きの就労移行支援が登場するのが2005年。その8年前にきっぱりと利用期限を設けたのはモデルがあったおかげだが、9か月で卒業するのはさすがに難しいと思った。コナードハウスのように就労専門のカウンセラーもいない。職員の一人を就職担当者にしたが、それでも9か月は無理だろう。今のように障害者雇用率によって企業が受け入れる時代ではなく、募集広告を見て片っ端から電話をかけて職探しをしていた時代でもあった。

　授産施設にきちんと通って作業に慣れるのに半年から1年。そこから外に出る準備期間と職場が見つかるまでの期間を入れて2年と設定した。それらをかためていった1999年の時点ですでに2年が経とうとしていたため、1期生だけは期間3年とした。

「全員卒業」のゴール

　利用者が初めて全員卒業する3年目を迎えたとき、職員のほぼ全員が不眠症になっていた。当時の就職先は、清掃業が中心でパート雇用が大半だった。採用された人は5割程度。全員卒業と決めた以上、就職できなかった人もピアス以外の次の行き先を決めなくてはならない。ここで不信感や挫折感を与えてしまっては元も子もない。厳しい決め事をしたかもしれないが、私たちにとって一人ひとりがかけがえのない存在だった。就職も大事だが、これからの生き方の充実こそが大事なのだ。

197

次の行き先の検討に私たちは神経をすり減らしたが、窮地を救ってくれたのは、普段から付き合いのあるたくさんの作業所だった。

　思えば、「作業所の限界を突破する」などと威勢のいいことを言いながら、すべてが理想どおりにはいかない小生意気な私たちを温かく見守ってくれたのは、同じように共同作業所を運営する人たちだった。棕櫚亭の各作業所からピアスへ来た人たちは、この機会に自分の住む地域の他の作業所へ出ていった。棕櫚亭がいちばんいい所と思い込んでいたが、これも違った。どこの作業所にもそれぞれよさがあって、巣立っていった人も今度はそこを居場所に地域にとけこみ暮らしてゆく。卒業後も遊びに来る人が多かった。

　誰も一人では生きていない。多くの善意や目に見えない支えがあったからこそ、利用者も私たちも理想へ向かって走り続けられたのだ。

「ピアス」

　最後に「ピアス」のネーミングについて。新しいもの、希望の持てるものがいいと思ったのと、棕櫚亭とトゥリニテが最初不評だったこともあって、皆が口にしやすい名前にしたいと思った。利用者、職員で思いつくままにどんどん書き出していき、誰かが「ピアス」と言ったとき、全員の顔が一斉に和んだように見えた。それで、あっさり決まった。

　この名前は、今までと違って評判がすこぶるよかった。短いし書きやすいし言いやすく、今っぽいおしゃれな感じがする。後付

けには、福祉に風穴を開ける（福祉のイメージを変える）というのも加わった。レトロでつつましい雰囲気の作業所から、時代に合ったトレーニングの場という切り替わりの時期にぴったりの名前だった。決めたわけでもないのに、みんな頑張って耳に穴をあけた。

　以上が、第1部で現職員が紹介した就労支援システムの根っこの部分が形づくられていった経緯である。

　実践を踏まえた細かい改善を繰り返してきたものだが、実は棕櫚亭の就労支援はいたってシンプルで、基本は上記の草創期当時から変わっていない。もちろん、ここには精神病院での経験も総動員されていて、とりわけ組織として歩き続けるための考え方やノウハウの数々は、ここから得たものが多い。そのあたりは、組織づくりの第3部で述べたい。

第 3 部

強い組織をつくる

第2部では、筆者の15年におよぶ精神病院勤務、その後30年にわたる地域活動体験をご紹介した。その昔、精神障害者の就労支援がビジネスになるとは考えてもみなかった。西暦が2000年に入るくらいから社会全体の構造改革が始まり、民間活力の導入や規制緩和が声高に語られるようになっても、それはどこかよその国の出来事のように感じられた。

　しかし、構造改革が教育、福祉へと展開してからの動きは速かった。郵政民営化の裏面として登場した障害者自立支援法は、それまでの福祉のあり方を根本から変えた。補助金方式の箱払いから個別給付へ、利用者に選択される経営へとの転換は、評価できる面もあったが同時に、効率化と成果主義という福祉とは最も折り合いの悪い文化も伴って、玉石混交の民間事業が参入を続けてきた。就労支援についていえば、早めの就職ばかりを狙うビジネスが今度は離職者の増加という大きな問題を生み出している。

　こうした激変の中にいて、それでもやってこれたのは「組織」という土台があったからだ。棕櫚亭は、組織としては極小規模でスタートし、四人の創設者が泣き笑いを繰り返しながら突っ走ってきた。時には制度に振り回されながらも、批判精神も入れ込んで現場の活動に取り組んだ。

　一方で、案外粘り強く「組織の問題」にも取り組んできた。経営の専門家ではない、どんぶり勘定のワーカーが経営者になったのだから、わからないことばかりで、外部の力を借りて経営の安定と職員満足度の高い組織づくりを目指していった。道のりは平坦ではなく、葛藤し、試行錯誤し、疲弊も消耗もした。何とか安定した組織になると、今度は世代

交代と組織の継承がテーマになった。それを通過して今がある。

　第3部では、角度を変えて、再び「私」が経験から学んできた組織づくりのコツのようなものを整理してまとめてみた。
　人が集まって仕事をしていくときの組織の問題は、それがどこであっても共通のものがあるように思う。働き始めてすぐの離職、硬直した人間関係のもたらすストレス、不満や不安をため込みながらの長時間労働、そうした職員を見ているしかない管理者の苦悩や悲哀など、どこにでも転がっている話である。
　どんなに強固に見える組織も、常に順風満帆なわけではなく、流れをとらえて元気に波に乗るときもあれば、うずくまって嵐をこらえるしかないときもある。どちらにしても、じっくりと、したたかに進みながら、小さな努力を積み重ねるしかない。
　仕事がおもしろい、やりがいがある、働きやすい職場だ、そんなふうになれる何かをここから受け取っていただけたらうれしい。

天野聖子

※本稿では、そこに記されている時代と筆者の体験に基づき、現在は改称されている「精神病院」の表記を箇所により「精神科病院」と使い分けて記載しています。

第1節

組織づくり事始め
草創期〜余念なく土台をつくる

「棕櫚亭」という小さな組織立ち上げの初めの熱狂が収まった後は、案外冷静に組織のことを考えた。背景には、精神病院の15年に及ぶ経験がある。

私のような作業所の創設世代は、だいたいは数か所にわたる精神病院勤務のなかで「組織」というものについて考えざるを得ない体験をしている。現場の改善をどのように上層部に伝え、実現していくかというどこにでもある話だが、精神病院の場合は、それが患者処遇の問題と密接につながっていて、閉鎖性が強い病院は当然ながら職員処遇も悪い。

一般の職員が不満を溜め込めば、理不尽な怒りや感情が一番下にいる患者のそれも弱い人に向けられるという構造にもなっている。医者を頂点にしたヒエラルキーは不動のもので、そのなかでも経営者に近い医師が権力を持ち、パートや非常勤医師の意見はないがしろにされる。看護科内部も同様に、つまりは旧態依然とした勢力がコレステロールのようにぶ厚く組織にべったり張り付いている。

その圧倒的な層のもたらす圧力や病院の常識、風潮の前に、患者の生活のための些細な要求（散歩の時間を増やしてとか、お風呂の時間を長くしてといったこと）をしても、握りつぶされるか叱責されたり解雇されたりするのがおちだ。当時の精神病というものの治療法のなさ、家族の疲弊感や本人の病識のなさ、さらに世の中の差別感に乗っかって、民間病院の節操のない雇用維持と経営安定があるのだ。

もう一つ学んだことは、人の作る組織というものの難しさで、組織変

革を担う者同士にも微妙な軋轢がある。それが拡大していくと近親憎悪のようなものになり、これもまた大量の離職や病人を生み出す土壌になる。実際、1970年代後半から各地で広がった病棟開放化運動は、一定程度の成果を上げたものの、最後には内紛、分裂という苦しい形でその活動を終えている所が多い。病院経営者自らが先頭をきって閉鎖病棟を全開放にするという偉業を成し遂げながら、内部があっという間に崩壊していった例もある。それぞれが掲げた理想主義のために、小さな方針や方向性の違いがみるみるうちに拡大していったのである。お互いの主張の理解度には差もあるし、立場の違いやそれぞれの文化的差異による違和感、拒絶感が出てくることもある。理念の裏に潜む嫉妬心、猜疑心が放置され、口に出しにくいエロス的関係の数々が絡めば、内部分裂はすぐそばにある。

　戦いの矛先が身近な同僚に向けられれば、活動の目的も理想も見失い、それぞれが荒野に取り残されたような孤立感にとらわれる。これはおそらく企業でうつ病を発症する人の心情と同じで離職、転職の大きな要因となる。

　こうした苦い経験から、私たちは「組織」を立ち上げる最初のスタート地点から、「何のために何をしていくのか。そのためにどうすべきか」をとことん話しあった。新しい組織を作るなら、常にメンテナンスを怠らないようにすべきだと皆が考えていた。利用者に開かれた組織であることが職員の居心地のよさにつながってほしい。何よりも自分たちがまだ何十年も働く場所だ。中から腐ってしまわないための工夫は、やってやり過ぎることはない。小さな組織であっても責任は重大、だから最初からいつも議論をし、小さなズレを修正することを心がけた。

　では、第1段階の「組織づくり事始め」から。

1 セクショナリズムの排除

　職員数人で始めた小規模事業所が第一作業所、第二作業所、そしてグループホームなどへと展開していく組織では、職員一人ひとりが自分の属する現場のよさを強調しているうちに、隣の現場を批判したり貶めたりすることがある。

　福祉という特殊で小さな集団がもちやすい「自分の現場第一主義」は放置すると、硬直した組織の温床になりやすい。同じ法人なのにまったく活動内容を知らなかったり、職員同士も疎遠だったりしていると、いつの間にか組織がバラバラになってしまう。乗り越えるべき問題や課題はもっと大きなところにあるのに、小さな対立で疲弊する職員だらけになったら、精神保健医療福祉の質的向上という変革への道は遠ざかる。しかし、この「セクショナリズム」という怪物は案外手ごわく、組織にとっては永遠の課題でもある。

　私たちは、以下のように試行錯誤と工夫を繰り返した。

→ 事務局の設置

　1986 年に作業所をつくり、第二作業所ができてまもなく、Ⅱの雰囲気はⅠと違うとか、利用者処遇はどちらがいいかなどの小さな差異が職員間で語られるようになったので、すぐに「事務局」を設置した。私が所長を降りて事務局の任に当たり、両方の作業所を行き来した。双方を見られる事務局長という立場から、内部の小さな課題に向き合いながら職員と利用者の行き来を活発にしたのである。

吹けば飛ぶような小さな作業所で肩書きだけが事務局長というのは大げさな気がするが、**どちらにも偏らないで組織全体を見回す存在が必要**と考えた。三つ目の作業所をつくったときも、利用者の数が少ないときやレクリエーションで盛り上がらないときは、利用者の協力を仰いで皆で後発の作業所を盛り立てた。ベテラン職員はとりわけ異動が多いが、職員や利用者の行き来によって共有することを増やしていった。

　事務局の機能も少しずつ拡大しながら、職員処遇や法人方針決定、事業展開などを創設にかかわった四人の責任で行っていった。個性的で強気な女たちが衝突や激しいけんかを繰り返しながらも、**最後は決めたことに従う**という大同団結ができたのは、この「事務局＝本部機能」のおかげである。思いきり自分の意見や思いの違いをぶつけるが、最後は組織としてまとまるためにも、責任の所在が明確な事務局的機能は持っていたい。

→ 根拠ある人事異動

　事業拡大と職員数増加に伴って、それぞれの現場カラーができあがり、職員の異動に際して利用者から施設長交代に反対する嘆願書？ が出されたことがあった。

　病院時代は、ケースワーカーの配置転換撤回闘争で職員同士の不信感が広がったという苦い経験もあって、適切な人事配置はいつも悩ましい課題であった。それでも、**各現場の運営と維持、セクショナリズムの排除のためには「根拠ある人事異動」が必須**である。**福祉的発想のままでは選ばれる組織になれない**という危機感は強かったが、「みんな違ってそれでいい、何でも誰でも受け入れよう」という大原則で働いていたワーカー集団に経営的発想の持ち合わせはなかった。

そこで、理事の紹介で大手企業の人事部の協力を得て、KJ 法や PDCA サイクルなど福祉の論理と違う常識と新しい経営方法について学び始めた。それまでの作業所運営は、毎年同じ額の補助金が東京都から入るので決められた予算消化が前提だったが、そこから脱却し、2、3 年後には企業が当然のこととして行う「前年度よりよくなる今年度」「サービスの向上と収入増を結ぶ」といった考え方が組織内に浸透していった。理念先行ではなく、明確な数字を前にした議論にも少しずつ慣れていった。

　その研修の一つに、「キャリアと人事異動」をテーマにしたものがあった。人事異動を長いスパンで見れば経験が積み上がり、人としても成長しその後の昇進にもつながっていく（＝給与も上がる）こと、**幅広い仕事がワーカースキルを磨くことになる**こと、**組織全体が見通せるようになる**ことなどを教わった。椋櫚亭ではその直後に大幅な人事異動を行っているが、学習した後だったので現場の動揺もなくスムーズな交代だった。

　この人事異動についての考え方は、現在も職員の間にしっかり根づいている。

異動の頻度、やりがい、負担への配慮

　職員異動や担当交代は、職員当人ばかりか利用者の不安も招きやすい。馴染むのに時間がかかることもある。そのため、**異動は原則として 1 人に対し 3 年に 1 回**の頻度に抑えている。

　知らない人が異動してくるという不安は、よい職員が来れば何のことはない、時間とともに解消されるものである。思えば精神病院では、「鬼のような主任が異動してくる」という噂が出ると、患者さんは本当に不安げで調子を崩す人も続出していた。親切で自分たちのことをいつも考えてくれる人と日々接したいのは、誰にとっても当然の思いである。だ

から「誰が来ても安心」と言ってくれるように、組織は職員育成を必死でやらなければならない。どこの現場でも通用する職員を育てることが急務である。

昨今の人手不足はそんな理屈が吹き飛んでしまいそうな寒々しい風が吹いているが、経営者は基本を忘れず、異動する職員にも周囲にも丁寧に説明し、納得を得るように努力すべきである。**やりがいのある仕事でよい職員を増やすこと**、兼務やその年度特有の**過度な負担については金銭的配慮を含めて考える**必要がある。そして**全員を急いで育てる**ことである。

2 職員育ては基本の「き」から

→ いいことさがし

精神障害者が地域で暮らすための生活基盤をつくるのはいつも手探りだった。病気の特徴もあり、時に被害妄想や関係妄想が起きやすい集団は、全体がネガティブになりやすい。思い込みや考え方の癖が病気と絡まって独特の対人関係を持つ人が重なることもあるし、なぜか職員にも伝染する。

小さなグループなのですぐに雰囲気が伝わり、息が詰まりそうになることも多い。**職員も苦しい生活を背負った生身の人間**で、それなりに負の生育歴を抱えていることもある。そうした人間が毎日顔を付き合わせれば、逃れようもない葛藤ばかりが広がっていく。

スローガンづくり

　そんななかで会話を楽しみ、時には言葉遊びをしながら、**自分たちのスローガンをつくる習慣をつくっていく。**「明るく元気に美しく」「無から有へ」「働きたいを働けるに」「いいこと探し」「あっけらかんとバラエティ」「ピアスマジック」など、特に**弾みのつく言葉を使って現実の重たさを横に置き、よいことを拾い上げる**ことで、少し楽になる、みんなでワイワイやっているうちに、帰るときには心が軽くなっていることを心がけた。

　そんな現場の雰囲気の中では、小さなことでも笑っているうちに表情が変わっていく。変わったね、おしゃれになったね、今のいいねなどなど、**前向きな言葉かけが伝染する**ようになる。すれ違うときにちょっと話す、挨拶しながら立ち止まって一言二言会話する、そんなスモールトークを身につけていく。ポジティブな語彙が増えることは、対人関係上のストレスを抱えてきた利用者たちにとって、最初の大きな変化でもある。そんな利用者の変化は、それまで閉塞感に苛まれることもあった職員や職員同士の関係にも作用する。温かい言葉で包まれた空間は誰にとっても居心地がよく、働きやすい場になってゆく。

→ ボキャブラリーを増やす

　温かい語彙をたくさん持ち、それにふさわしい表情をしている職員をたくさん育てるのが初めである。**本を読め、新聞を読めと言い続け、映画や芝居やコンサート、ある種のテレビ番組などをよく観てもらう。**弱さや悩みも含めて自分の思いを伝える術を新人のうちから訓練する。

　特に**対話によって回復が期待できる精神障害のケアについてはこれが必須**で、その素養なしに傾聴を繰り返しても効果は薄いと思われる。**精**

神障害の人たちは自分を語りたいものだ。封印されてきた思いの丈を出したい。おかしい奴と排除されてきた悔しさやそのつらさについて、また特異な症状や病状、その変化について、あるいは信頼できた人との出会いや家族との愛情について、そして長年の恨みつらみや葛藤など、いくらでも話したい。

それを受けとめる側の器が小さいと、すぐに容器は溢れてしまう。出しても出しても安心で、どこまでも表現できる、必要とあらば注釈やまとめ、方向転換も一緒にできるという関係性が職員との間にできれば、回復の道は見えてくる。

彼らの生きてきた壮絶な人生、語られた物語の一つひとつに付き合い、その変化を目の当たりにするのは職員にとっても大きな喜びであり、その都度自分の語彙も思いも大きく広がっていく。そうなれば、この仕事を永遠に続けたいと思うのではないだろうか。

→ 積極的にイベントを行う

利用者と職員だけの長い関係は、時に依存関係や微妙な権力関係をつくってしまう。だから、外部の人を呼び、多過ぎるくらいイベントを行う。

棕櫚亭の場合、当初は収入確保が大きな目的だったが、日常的にいろいろな人と会い、話すことが、多様な価値観を共有することにつながった。**扉はいつも開けておかないと、閉じられた世界での疑似家族的な関係がつくられる。**誰でも家の中ではわがままで、小さな利害をめぐって見えない争いを続けやすい。そこに**他人の目があると、皆がいいところを見せようとするから、空気が変わっていく**ものだ。

とにかくイベントを増やしていくなかで、1992 年には組織の周囲で協力してくれる団体として「外野手（外のて）」という賛助会員が生まれ、

1000人規模のコンサートを数回にわたって成功させた。友人知人が輪を広げながら、棕櫚亭を支えていったのである。職員も地域の人たちとのつき合い方や、グループを動かすこつなどを自然に体得していった。

フットワークを身につける

イベントを行うのに必要な「フットワーク」も、職員が身につけたい大事なスキルである。知らない人を説得したり巻き込んだり、さまざまなことを用意して流れをつくる。そこに収入問題が絡むこともあれば、純粋に皆が楽しめるものや学習できるものにしていくこともある。

いずれにしろ、**硬軟織り交ぜたイベントを数多く行っていれば、若い職員の出番も増える**。誰でも自己表現欲はあるのだから、「裏方でいいです」と言い続ける人もある日、表に出る仕事を任されて、大きく成長した姿を見せることがある。裏方に徹するのが好きな人ばかりでは、人は寄ってこない。いろんな人が元気に働いて、どの人も**いろいろな場面で重要な役割を担っているという実感が持てれば、職員にとって職場が大事な場所になる**。

3 お金のことは手抜きしない

当初、棕櫚亭は経済基盤の面で弱小組織だったので、自力で収入を得なければならず、寄付を集めるのも行政に予算要求していくのも何やら気恥ずかしかった。しかし、何のため誰のために活動を安定させたいかを明確にし、そこがブレなければ自信を持って活動できる。

→ 事業としての最低保証

　事業所運営を考えるとき、**行政の補助事業など収入の元となりうるものへ目を向ける**ことは必要である。

　東京都に共同作業所の補助金制度が創設されたのは 1975 年だった。病院ワーカーをやめて作業所でやっていけるかどうかは、行政の補助を受けられるか否かにかかっていた。当時、都の補助金は Ａ 〜 Ｃ の３ランクあり、Ａ ランクは職員３人の常勤配置で 1500 万円だった。他県からは羨ましがられる額である。これを逃す手はないと、病院をやめたことを思い出す。母子家庭には厳しいと病院職員は引き留めてくれたが、作業所を２〜３か所設置すればそれなりに安定すると考えた。実際、精神病院から退院した人たちの行き場がほとんどない時代だったので、作業所のニーズは多かった。

　また、自分たちの暮らしも大事という視点がしっかりあったので、当初から身分保障にも予算を充てた。怖いもの知らずだから、都の補助金を通過させようとしない市役所の窓口で大声で議論したこともあった。こうした**お金が関係してくる制度の活用にあたっては、ひるまず臆せず主張し続ける意志や信念も問われてくる**。

アンテナを張り、見逃さない

　作業所を３か所設置したら安定するといっても、一般の民間企業と比べれば職員の給与はかなり低い。そんななか、ある男性職員がローンを組めないという無認可作業所の不安を口にして退職した。そのショックは大きく、世帯の家計を丸ごと担う男性職員も働ける安定した給与を支払える職場にしたいとの思いもあって法人化を決意した経緯もある。

　理念に沿った仕事を追求する一方で、いつも経営の安定を意識し、**小**

さな事業でも理念や体制に合うとみれば、見逃さずに申請する。次はど
ういう施策や事業が出てくるのか、今の福祉や医療を取り巻く国や都や
市の動きなどにアンテナを張り、小さな情報でもいろいろな人と出会い
ながら考えていく。すぐに収入に結びつかなくとも、自分たちの活動の
少し先には関係する新しい事業や収入源になる何かがあるかもしれな
い。それを見逃してはいけないのだ。普段から当事者の希望や理想もたっ
ぷり聴いて話し合っておく。今すぐ事業化できなくても、2年後3年後
の潮目の変わり時をねらうこともできることがある。

→ どん欲に稼ぐ

　誰も霞を食っては生きていけない。作業所を立ち上げた当時、私たち
創設者は全員が世帯主で、小さな子どもを養えるかどうかも切実な問題
だった。ちょっと手が空けばバザーやイベントを仕掛け、リサイクル
ショップをつくったり、レストランをつくってビールを出したり、コン
サートを開いたりして、必要なお金は体を張ってつくってきた。

　自分の給与が出なければ、「現物支給ね」と言ってリサイクルショッ
プで出たものをもらったり、粗大ゴミを拾って持ち帰ったりもした。家
の中の家具も少ないのに、必要なときはそれを作業所へ持っていき、小
学生の娘に「せっかく買った椅子を持ってかないでー」と言われたこと
もあった。

　家も職場も等しく貧乏だったのだ。浮かせるものは浮かせる、もった
いないから買ったものは使い尽くすという主婦会計的な感覚もハング
リー精神も持っていた。身の丈にあった経営原則の収入確保と支出削減
だから、借金は最低限にして、早めに返して金銭的な負荷は負わない。
ないものだらけの草創期の活動のなかで、自然に身についていった力で

ある。

　今の時代、当時の私と同じような境遇で組織の立ち上げにかかわっている人がどれくらいいるかはわからない。しかし、組織が動き始めていくときに元手となるお金が必要なのは、どこも同じだろう。持てる**アイデアと体力を注ぎ込んで事に当たるという精神は、その後の自分の力にもなってくれる**。

→ 熱意と普及啓発

　棕櫚亭では、開設当初から通信誌の「はれのちくもり」を定期発行した。そこから精神障害者のおかれている状況を伝え、なぜ地域に作業所が必要かを発信した。利用者や関係するさまざまな立場の人が読み、そしてここへ投稿し、誌面では見えにくい病気の本質や入院体験や率直な思いを取り上げ、どう変えていくべきか、それはできるのかという熱い議論を正直に載せ、資金不足の現状も訴えた。

　収入のためというより、自分たちの活動やその意味を伝え、またこういうことを考える土壌をつくりたいとの思いが強かったが、結果として読みでのある通信誌として300人近い購読者を集めた。年間購読料は2000円。貴重な資金源となったのはいうまでもない。これは前述したコンサートにもつながってゆく。このように、**運営側の熱意や問題意識は、時に想像を超えて周囲を巻き込んでいく**ことがある。何かを始めようとするとき、だから理念は大事になる。

　2006年からはホームページをリニューアルして、自分たちの意見や現場報告もこまめに発信している。多くのスタッフやメンバーの顔がみえるように心がけている。さわりのよいきれいなだけの広告とは一味違うものを作成している。

215

→ 支持者への感謝

　万年金欠病の作業所をいつも助けてくれたのは、「精神障害者のための場所がほしい」と願い、本気で考えてくれた多数の協力者だった。

　次項で述べる社会福祉法人の設立にあたっては、多額の自己資金確保が必要だった。このときは大々的な寄付金を募ったが、その過程で絶大な力を発揮してくれたのが当事者の家族や友人、その知人、さらに関係の機関だった。特に大絵画展は、当時発足したばかりの家族会「シュロの会」の尽力で大成功を収めた。また、こつこつ貯めたお金で絵画を購入した利用者や、夜半に思いついたと大金を届けてくれた人、学校 OB で募金活動を繰り返してくれた人等々、枚挙に暇がない。

　そして多額の資金確保は見事実現した。これらの支持者、協力者にはいくら感謝してもしたりない。

　応援してくれる人がいるということは、組織にとって最大の力である。お金に限ったことではない。このかけがえのなさは、ともすれば事業の展開などに追われて忘れがちだ。いつしか一人で大きくなったように傲慢さすら持ってしまいかねない。支持者という味方がいてくれるから、組織は組織として立ち上がることができる。職員が皆そのことを自然と意識できる職場環境は、支持者らとイベントを一緒に行うなど運営の企画から醸成された。

第2節

選ばれる組織へ
ステップアップ〜組織が形態を変えるとき

病院から地域へ、脱施設化というスローガンのもと、各地でつくられた共同作業所は、それぞれが自由で個性的な活動が持ち味だった。再発や再入院がないという大きな成果が認められ、東京では都の補助金にも支えられてその数は飛躍的に増大した。

精神障害者の悲惨な歴史のなかで、この作業所運動の果たした役割は大きく、作業所を起点に相談対応や住まいなど、趣向を分化させてさまざまな資源もつくられていった。

しかし、10年も経てば作業所には大きな落とし穴があることも見えてくる。利用者も職員も一緒に年を重ねる運命共同体になってしまうこと、固着した関係は時に依存や代理行為を生み出し、当事者本来の生きる力やエネルギーを奪っていくこと、最初の勢いと希望が失われると福祉の場所にしかいられないというあきらめや惰性が支配していくことなどであり、そのあたりは第2部で詳述した。ひと言で言えば、出口のない「地域の開放病棟化」である。

その窮地を救ったのが、棕櫚亭の場合は通所授産施設ピアスの設立であり、就労支援という利用者が希望の持てる解決法だった。それは、本項の趣旨にあわせて別の側面から言い換えると、組織の「法人化」となる。その後、国から障害者就業・生活支援センターを受託して就労支援の充実を図ることができたのも、地域活動支援センターを受託して精神障害者の生活支援により多くの力を注げるようになったのも、法人格を持ったからにほかならない。

組織づくりの第2段階は、時代にあわせた組織への変革である。

1 組織が形態を変えるとき

→ 「時代」という要請

　最初、共同作業所という自由な活動の延長線上に「社会福祉法人」を
つくることにはためらいがあった。一転して法定施設になってよいのか
という至極当然の戸惑いである。型にはまって施設化するのではないか
との危惧も内外に強かったし、そもそも大きな組織運営することが自分
たちにできるのかという疑問もあった。

　それでも最終的に棕櫚亭が「法人化」へ舵を切ったのは、施設整備費
や用地取得制度などが精神障害の団体にも適用されること、また障害者
雇用促進法が今後は精神障害者も使えるものになっていくだろうと予見
できたこと。これは時代の要請だし、利用者の強い希望もあったし、社
会福祉法人だって私たちならビビッドなものにして使いこなせるという
気負いもあった。

　法人格の取得を決定したのは、無認可のままではない確固たる基盤が
ほしかったこともある。それは同時に、法人設立のために目も眩むよう
な金額を自己資金として確保するハードルを自らに課すことでもあっ
た。たくさんの人の手助けと怖いもの知らずの勢いにも任せて、出口な
しの限界を突破したいという理念で突き進んでいった。

→ 思いが結集する

　法人化を決意した後、作業所立ち上げのときからかかわってくれた運
営委員たちの結束と活躍は強力だった。すぐに法人設立準備委員会を立

ち上げ、資金調達を開始してくれた。皆仕事のある身ながら夜には駆け
つけ、運営の中身や予算、その基盤となる考え方や方針を一緒に議論した。

やがて法人化の趣旨に賛同し、応援してくれる人が増えていった。家
族、病院職員、行政職員など、1人が10人にも20人にも30人にも働
きかけて、支援者の数はうなぎ上りに増えていった。わからないことだ
らけでも大勢の支援者が周りにいる事実は、私たちに大きな勇気を与え
てくれた。10年間、作業所で育まれた協力者たちの輪の周りで動いて
くれる大きな円があり、さらにその外側に輪が広がっている、言葉どお
りその様相だった。

この一連にまつわる出来事は、とても語り尽くせない。いろんな人の
思いと力が集まって、小さなお金が大きな資金になっていった。そして、
なんと5000万円もの自己資金ができたのだ。私たちは頼りなく、危なっ
かしくも見えただろう。それでも現状を突破したいという情熱は伝わ
り、精神障害者のよりよい生活のために新しいステージへ一緒に進もう
と応援する人たち全員の思いが結集した。その熱量がまとまり大きな力
となって、「多摩棕櫚亭協会」という法人を誕生させたのである。

感謝の気持ち

組織が変革を求められる局面というのは、上記のような法人格の取得
時に限らない。国の制度変更や自治体の事業変更や年度による予算の有
無など、その時代の情勢を受けた形でいくらでもある。そのとき、**本当
に苦しいときに組織の力になってくれるのは、「応援してくれる人たち」の
存在**である。

経験してきたから自信をもって言える。自分たちのごく近いところで
応援してくれる人たちへの感謝の気持ちは大事に語り継いでいきたい。

組織の前進を促すもの

→ 職員の力量総和と事業拡大のバランス

　組織が大きくなると、経営の安定を考えて、事業を次々に受託して規模を拡大したくなる誘惑にかられやすい。

　特に 2006 年に施行された障害者自立支援法では、職員配置やサービスとしての提供体制の整備を要求されたため、中身よりも収入確保や利用者確保が優先されるようになった。さらに、規制緩和により企業系の事業所が福祉分野に参入してきたため、事業としての経済的安定を志向する傾向にいっそう拍車がかかった。

　この時期、周囲を見渡すと、事業を拡げて複数のメニューをつくり、急伸していく組織も増えていた。しかし、急激な事業拡大と職員体制変更のなかで、「誰のための仕事なのかわからない」というボヤキが組織内に生まれ、兼務だらけで先が見えないと離職する人が増える事業所も多かった。

　制度には厄介な側面があり、油断すると経営安定だけが基準になって、行政に都合のいい事業所に成り下がる。だから、特に**新しい制度が導入されたときは、残すもの、外すもの、形を変えて保っていくものを慎重により分けながら、職員力量の総和とのバランスをとり事業を決定するという難しい舵取りが必要**になる。

顔が見える大きさ

　棕櫚亭は職員数 40 名くらいの小さな組織で、1997 年から 2018 年までの 20 年間、途中に障害者自立支援法による事業形態の変化はありな

がらも、現場（事業所）の数も職員の数もあまり変化していない。**丁寧につくってきた入れ物、名前、支援の質をさらに磨きながら次に手渡すという連続性を考え、顔が見える大きさを維持**してきたのである。

人材育成に時間がかかることや、育てた中堅職員の突然の離職や産休、育休が続き、思いどおりの進展が見られないこともあったし、組織のあちこちに職員間の軋轢など不協和音が漂うときも正直あった。そうした状況に危機感を持ち、全職員の年齢層と配置を5年刻みで考えながら、同等の事業規模を保ってきた。

作業所時代には、レストラン・トゥリニテの閉店や棕櫚亭Ⅲの閉鎖など事業縮小さえ行ってきたから、積極的な事業拡大とは根っから縁遠い運営である。その分、事業や職員体制の質を保つこと、病名も課題も多様になってきた利用者にきめ細かい支援をすること、プログラムをよりよいものにすることを大事にしてきた。その蓄積から、職員皆がそれぞれの持ち場で活躍できる安定した組織でありたいと考えるようにもなった。**職員数とその質と事業規模が相互に見合っていることは、組織にとって必要**なことである。

得意分野に傾注する

職員の全体力量の総和がもっと大きくなれば、規模を拡大して他の福祉事業を展開することがあるのかもしれない。棕櫚亭では、就労支援に全力投球してきたため、精神障害者に必要な生活支援に事業が追いついていないのも事実である。しかし、職員力量と仕事量という考えと就労支援に本腰を入れるとの大きな方針が事業の拡大を押しとどめてきた。

もう一つは、最近はさまざまな法人が充実した福祉サービスを展開していて、総合的なサービスに取り組んでいるところもある。そこに企業系のビジネスが乗り込んでいるから、これ以上**競合して利用者の取り合**

いをすると、今度は組織ナショナリズムが蔓延して皆が沈没してしまう。

　それぞれの組織で得意分野に力を入れながら強く連携していくやり方は、元々福祉関係者のお家芸である。利用者の立場に立てば、いろいろなところに相談できて、かかわっていく場面の数も多いほうがいい。多くの関係者と出会い、地域の人や資源を紹介してもらって暮らしていければ、その人の生活は豊かになる。サービスを提供する組織同士が顔の見える関係で丁寧な支援をつなぐと、いろいろな機関の連携が今まで以上に期待もされる。**1つの組織が得意分野に傾注することで、よい循環がうまれる**のだ。

→ 職員一人ひとりの人生が大事

　仕事の目標と同じくらいに大事にしたいのが職員一人ひとりの人生である。病気や産休、介護など、それぞれが人生の節目に出合う出来事を一緒に祝ったり悩んだりしながら、大事な戦力を皆で育てるという気概を持つ。

　どこの現場も、ただでさえ数少ない戦力が突然抜けるのは大きな痛手に違いない。心無いひと言を口走ってしまいそうなときがないとはいえない。

　しかし、**支援者と呼ばれる一人ひとりにもかけがえのない人生がある。**天にも上るような嬉しい出来事もあれば、降って沸いたような災難や大きな落とし穴にはまることもある。喜びはもちろん、つらさ、痛みにも一人ひとりが思いを馳せ、「おたがいさま、順番だから」と快く復帰を待つ姿勢を持ちたい。**長期で職場を離れても、迷惑かけたからと小さくなって働く必要なんか全然ない。**何しろ人生は思いもかけないことの連続なのだ。しばらくぶりの人には、すごかったね、生きのびたねと無事

の復帰を称え、いいことがあればよかったね、最高だねと喜びをわかち合えるようにしたい。

そうして職場復帰を迎えてくれた同僚に対して感じる信頼関係が組織の土壌を豊かにしていく。**職員相互の信頼はそのまま利用者との関係に反映し、ここで働けてよかったという職員満足度は、ここを利用してよかったという利用者満足にもつながってくる。**

人員配置を惜しまない

その一方で、経営陣は職員の一時的な離脱や慢性的な人手不足に備えて、よい人材を積極的に呼び入れる努力を怠ってはいけない。いくら周囲の善意が積み重なっても、人は精神論だけでは生きていない。欠員による負担が過重になれば、不満や批判が噴出するのが現場の実情だ。

時に多過ぎる人員配置であっても、先行投資として人件費は惜しまず不意の事態に備える。**人にやさしい組織は実はお金のかかるものだが、職場環境をよくすることは長い目で見れば組織安定と生産性に結びついていく。**

→ 経営の専門相談の導入

相談支援を生業とする**ワーカー集団に残念ながら経営ノウハウの持ち合わせはない。**そのことがわかっていたので、棕櫚亭では早くから経営相談の外部コンサルティングを取り入れていた。餅は餅屋であり、費用はかかっても相応の価値はある。経営の専門相談を繰り返して、福祉のなかで仕事をしていると出合うことのない考え方や発想をたくさん教わって、変化する時代のなかでの組織づくりを考えていった。そして、専門家からアドバイスを受けた後、最後の決定は自分たちで行うという

習慣をつけていった。

目的とそのための行動を共有する

　経営が問われてくるのは、組織として軌道に乗り始めてからだ。小さな矛盾や行方の見えなさ、人間関係のひずみなどは、数年後に形を変えて現れることがあり、対応を先延ばしにすると手遅れになりかねない。私たちが経営コンサルタントから助言を得ながら取り組んだのは、以下のことである。

　まず、**事業目的と理念を確認し、それに伴う予算の裏づけを職員間で共有**する。皆で考え、個人のやりがいや生きがいも吸収できるような標語を作る。そこからおろしていく現場のミッションや現状分析、戦略や方向性・予算などについて、職員間で何度でも話し合う。なぜこの事業を行うのか、その先には何があるのか、そのために現場では何をすべきなのか、利用者には何が必要で今の組織の実力でどこまでできるのか、これらを職員間で合議していく。理事や運営委員とも**しっかり議論して結論を出せば、困ったときには皆が助けてくれる**。

　行政から次々と打ち出される事業に予算獲得のためだけに安易に手を染めないことも必要だ。目的とそのための行動が職員間で共有されてぶれなければ大丈夫。悩み多い現場でも頑張って働けるし、小さな人間関係の歪みもさほど膨らまないで済む。

　経営の専門家を交えてこうしたことを丁寧に考えたいと思ったのは、病院から地域へという時代の流れで**たくさんできた社会資源がいつのまにか消えてしまうのは、利用者にとって大きな痛手**と思ったからだ。社会福祉の構造改革が企業の野放図なビジネス戦略を助長させるだけだったとしたら、精神科病院が金儲けの手段になった過去の歴史と同じ道を歩むことになってしまう。**志を持って利用者の地域生活を支えてきた事**

業所は、皆で大切にしながら歩んでいきたいものだ。

　民間企業が経営コンサルティングを受けて事業の安定を図るのと同じ考え方で、福祉事業所が経営の専門相談を組織に取り入れることは有効な策となる。

3 ▶ 逆境を乗り越える

　「福祉の黒船」といわれた 2005 年の障害者自立支援法により、初年度は椋欄亭も大幅な赤字を出した。それもそのはず、他法人が就労継続支援 B 型事業所や多機能事業所といった現実的な選択をしたときに、法人設立の眼目であった「就労支援に軸足を移す」という理念に合わないからと B 型を選ばず作業所を 1 か所閉鎖したのである。一歩後退して二歩前進という相変わらず強気の行進を続けながら離職が相次いだことも重なり、さすがに消耗した時期である。

　法人設立以来の離職は、その 8 割が 30 代 40 代の男性職員だった。給料の低さが離職の大きな要因だったため、賃金引き上げについては常に意識してきたつもりだったのだが。組織のリーダークラスが創設時から女性ばかりで、職場のポスト（地位）や将来の安定に対する忸怩たる思いも秘めて、職場を去る男性職員もいた。

　人材の流出が続く職場に明るい未来はないといわれる。やりがいが見えない、方向性が違うなど、働き方をめぐっては人それぞれの思いも交錯する。職員の離職をどうこらえるかは、どの組織にとっても大きな課題だ。

→ リーダーはぶれない

　将来性と生き方に悩みがちな30代、40代は、結婚や子どもといったライフプランの大きな転換期でもあり、それゆえの離職や転職願望が膨らみやすい。特に男性職員は上述の理由から、女性優位の職場を去りたくなるともいわれる。「男のいない棕櫚亭」とは当初から言われ、確かにそのとおりだった。そうなれば残った職員で現場を盛り上げるしかない。

　棕櫚亭では、そのためにリーダーはぶれずに一人で三役も四役もこなし、それを部下に伝えていくという少数精鋭の勤務をスタイルにした。職員数の減少は反面、人件費の余裕につながるから、年度末にはボーナスの大幅増で日頃の苦労に報いた。

　金銭的な報酬はやりがいにつながるから、職員不足のほうは補正予算で対応する。人手が足りない、仕事は増える、給料は上がらないという悪循環では、いかに心優しい福祉職員でもある日、糸が切れてしまう。**我慢にも限界があるので、管理職は職員の無償の奉仕にあまり甘えないほうがいい。**

　逆に、新人だった職員が歯を食いしばって働き、それなりに給料ももらってポジションが上がっていくのは好循環を生む。離職した職員が「やめなければよかった」と悔しがる職場をつくれれば、小さな組織にも希望が戻ってくる。

　大事なのは、**苦しいときこそリーダーはぶれてはならない**ということだ。甘えてもいけない。なぜなら、**管理職の不安や疲弊感は職場内に伝染する**からだ。誤りが見つかれば、そのときに正せばいい。まず原因追求、そしてすぐに課題解決に軸を移して、「また皆で越えていこう」というメッセージを発信したい。小さな議論で日が暮れないように、方

向性という軸をしっかり握って現場仕事にエネルギーを注ぐ環境をつくるのがリーダーの役割でもある。その繰り返しのなかでリーダーへの信頼はうまれてくるものだ。

→ 新人・ベテランへの対応

　新人、特に若者については、福祉に対して汚い・きついのイメージが広がり、福祉学科専攻の学生も、企業や公務員志望が圧倒的に多い。大卒の3割が3年以内に離職するご時世では、やりがいや理念を前面に押し出しながらも、よりよい報酬や安定、将来のポストに加えて、組織の透明性やアメニティのよさも見せなければならない。

　棕櫚亭では、本部ビルの大規模修繕を行ったときに、おしゃれな家具にするなど見た目にもこだわった。すると、利用者だけでなく職員にも好評で、きれいなところで活動できることが自尊心の回復につながる人もあった。

　即戦力を期待して中途入社の職員を採用することもあるが、自分の価値観を法人の理念にあわせるという作業は、その人自身にとって難しさも伴う。今まで身につけてきた文化と上手に折り合いをつけながら、職場独自の文化や価値観を急いで身につけることが要求されるからである。中途採用層の人育ても丁寧に行わないと、短期間で退職、また採用して教育の繰り返しになり、コストもかさむ。スキルの高いベテラン職員が入職したときも、即戦力なので自由に仕事をしてもらうという前に、**自組織の方針に基づいて育てる場を持つ**ことはやはり必要である。

→ 現場の連帯と成果

　初めての大赤字や相次ぐ離職に直面しても乗り越えられた最大の要因は、精神障害者就労支援のトップランナーとしての自負と、組織が苦しい状況にあっても就職していく利用者を次々輩出していく現場の成果だった。

　職員が少なくなった現場を必死で切り盛りしながら、1人の利用者の就職を皆で躍り上がって喜ぶ、先輩が後輩を助ける、利用者と職員が支え合う。就労支援の充実は、逆境に立ち向かう大きな力になった。プログラムを工夫して、成功しやすい就労支援システムをつくり上げたのも、一番苦しかったこの時期である。

　利用者が就職してゆくこのシステムは正しいという結果は、職員の幸せ感に直結する。この仕事を続けてよかった、この仲間で働けたことが嬉しいと実感できた日々でもあった。

第3節

人材育成革命
次世代育成〜職員が未来をつくる

　これから最も必要なことは、10年後20年後により深く広い視野を持った人たちが、大量に現場で活躍していくことである。そして、それが先の先まで連綿と続いていくことである。ただし、時代の価値観も変わってきている今、職員に言葉だけでケアの方法を教えていくのも難しい。

　統合失調症の軽症化と同時に重症化、重複化の問題が語られるようになってきた。発達障害者支援法ができて発達障害の人の施設利用が増え、今までとは違ったアプローチが現場に求められるようになってきた。あまねく広がる不安障害や人格障害は、どこからが病気なのかの境界が入り組んでいて、生きづらさから障害者手帳を取得し障害者雇用を希望してやってくる人も増えた。それらの人々の背景にある経済格差や教育格差は、貧困などの生活苦も生み、家族の苦悩も深くなっている。

　対象に合った専門的で適切なケアをするためには、話を丁寧に聴くというだけでは済まない。先輩が後輩へ、自分たちの経験や実践を伝えるだけでも済まない。利用者一人ひとりの背景とそれを生み出しているものに思いを寄せながら、具体的な方法で実際的な解決を図る必要が以前にも増して求められている。さらに、職員の定着も大きな課題である。

　以下に紹介するのは、棕櫚亭が「人材育成」のために取り組んできたこと、取り組んでいることである。ここまでご紹介してきたように、組織の存続にもかかわることだったので、人育ては本気で考えて進めてきた。やりがいのある仕事と信頼できる仲間がいれば、職場の定着率も高くなる。報酬や厚待遇は小さい組織の大きな目標だが、働きやすい職場風土をつくる努力を怠ってはいけない。

1 外部研修

→ 研修費の予算化、職員を交替で派遣

　まず、**研修費は惜しまず予算化する**。職員が参加する研修は福祉関係に限らず、時代を見据えたさまざまなテーマをとらえる。職員が見つけてきたテーマ、参加したいと希望が上るテーマも有力候補になる。学会や研究大会など規模の大きなものから、小さな学習会や参加型のワークショップまで、目的にあわせて形態もさまざまになる。福祉領域だけではなく、時には大きな社会問題にもふみこんで、自分たちとのつながりを考えるように選ぶこともある。個人の器を広げるために、外部の知恵をどん欲に取り込んでいく作戦である。

→ 必ず発言し、職場で発表

　参加した研修では必ず発言することと決めている。講師の言葉を真剣に聞いて、発言や質問を繰り返す。対話でもあるその過程で言葉の力強さや色合い、強弱のさじ加減などがわかってくる。向こうへ伝えるためには、新しい知識や先方が受け取りやすい言葉も取り入れて繰り出すことが必要である。それがボキャブラリーを蓄えることにもつながる。よく知らない相手との初めてのコミュニケーションの実践でもあるから、ただの名刺交換だけで終わる挨拶は意味がない。

　研修後、職場に戻ったら皆の前で発表する。**全員の代表として参加したものでもあるのだから、皆も同じように知識や情報が得られるように報告、伝達する**。研修参加者はその日の業務を免除しているのだし、会

場によっては交通費もかかる。皆の代表である意識や責任を自覚する面からも、外部研修への参加はよい職員を育てる人材育成の要となる。

→ 講師依頼に応える

就労支援の講義など講師の声掛けがあれば、**職員はいつでも外に出す。**急な話であれば残った職員も大変だが、現場を切り盛りする算段だけはとって依頼に応える。講師は責任のある仕事だ。依頼者には目的も期待もあり、そこで得られた成果が大きければ当然嬉しいし、依頼を受けたこちらとの発展的な関係にもつながる。

講師を受けた職員は、パワーポイント資料などの作成の過程で力が身につく。人に伝えるためには、伝える内容に習熟していなくてはならない。より深く学び、**人に話す（講義をする）過程でさらに学びを深められる。**

2 プレゼンテーション

→ 機会の確保

組織が自分たちの方針や活動内容をどのように外部へ伝えていけるかは、組織存続の大きな課題であり、それは誰かが大勢の前で一人発表するという場面に限らない。棕櫚亭でいえば、「発信・提言・推進」の法人理念を皆で行動化できることが重要であり、そのためには職員一人ひとりが確かなプレゼンテーション（説明）を行える必要がある。

だから、多数ある講師やシンポジストの依頼は、職員が順次登壇できるようにしている。半年に一回開催している事業所総括の司会進行も若手が担い、全体会議や職員ミーティングなどの会合でも、特定の誰かに進行や取りまとめなどのプレゼンの機会・役割が偏らないようにしている。

→ <u>プレゼン練習</u>

　講師依頼などにあたり、プレゼンテーションに自信がない、初めてという職員には、**先輩や同僚が協力してリハーサルを行う**。当事者講演も多いので、夕方になると建物のあちこちでプレゼンの練習をしている人を見かける。先述した外部研修参加後の発表などは当然、プレゼンのトレーニングを兼ねている。会議では司会進行役でなく一参加者の場合も、グループ力動の学習を土台として、自分たちが会議を動かしているという意識も育てていく。会議を動かす、流れを変えるなどの発言ができれば一人前である。

　多く発言することを評価する職場風土は職員のプレゼン能力を高める。プレゼンに対する職場全体の意識が高まるから、下手なプレゼンや司会は先輩から指摘を受けるが、プレゼン力を高められる場所でもある。以心伝心という福祉的発想では、利用者は集まらないし、地域の信用も得ることはできない。ここでも語彙の多さ、深さが重要になる。

3 組織内研修①外部講師

→ 講師の招聘、階層別研修

　今注目されている、話題になっているなど**旬の有識者を招聘して講義をいただく**。全員で受講するときもあれば、階層別に分けるときもある。階層別とは、リーダー、中堅クラス、新人など、研修内容を経験年数や仕事内容にあわせた設定にするということ。その１つに、次項の天野ゼミ（ゼミナール）がある。研修内容は、心に響くというだけではなく、できるだけその内容から社会の今を俯瞰できたり、未来を展望できたりするものを企画する。

　外部講師を招くメリットは、**企画と講義の内容を合致させやすいこと**である。職員に今学んでほしいことや、足りない部分を補うことを明確に目的にできる。講師の選定と依頼は、リーダークラスの職員が行う。

4 組織内研修②天野ゼミ

→ 「職員個人」がテーマ

　現職から退いたのち、アドバイザーとして職員教育に一役買っているのが「天野ゼミ」と称する連続研修である。新人、中堅、リーダーと階層を分けて、年に３〜４回を１クールとしている。ここで扱うのは、「職員個人」である。

ソーシャルワーカーという対人援助にかかわる人間は、時に未熟な自分を棚に上げて相手の人生にずかずか踏み込んだり、ナルシスチック・ヒューマニズムな思い込みから支援といわれるものを一方的に提供したりすることがある。

精神障害になるという**厳しい現実に直面した人の人生に向き合うには、まず自分自身が問われなくてはならない**。職員も実際にはいろいろな生育歴をもっている。葛藤や未消化の課題をひきずって生きているかもしれないし、時には歪みや病理が根深いこともある。それらを背景として、案外思考パターンに癖があるものである。そこを自覚しないで、「普通で健康なワーカー」と思っていると、当事者から「自分たちのことをちっともわかっていない、痛みがわからない」と手痛いしっぺ返しを受ける。そうしたワーカー側の問題は、ワーカーが自分自身に向き合うことでしか解決しない。それゆえ、職員個人に焦点を当てるのである。前述した、見えにくくなっている病気の理解やかかわり方のヒントは、まず、そこにある。

→ 個人史を作成する

ここで行うのは、職員の「個人史の作成」である。**自分の出生から教育、職歴などをその時々の時代背景や個人の文化的背景もあわせて振り返る**。家族というその人の大きなルーツや経済状況、かかわってきた人や文化、教育、地域との関係性なども入れ込んで個人史を作成する。出来事と時系列を縦軸横軸に取り、全体を可視化していく。

この作業を通して自分のことがわかってくると、かかわりの対象としている精神障害者の人生も立体的なものとして浮かび上がってくる。病気になってしまった人の人生や家族の気持ちを思い、自分だったらどう

だろうと考える姿勢が身についてくる。また、歴史的なことをしっかり把握すれば、社会防衛思想が病気にすり替えられて近代から現在へつながっていること、すべての答えが個人の病気の症状にあるのではないことなどもわかってくる。その上で、社会資源のあり方や利用の仕方、それを変えようとする力もついてくる。**ソーシャルワーカーは変革者であってほしい。**

→ 組織内力動を学ぶ

個人史の作成後は、「すべての時間がグループである」という組織内力動を学ぶ。会話をはずませたりじっくり聞いたり、時には黙ったり話し込んだり、これらをグループで体験する。連絡したり議論したり何かを調整したりなど、すべての時間と空間を利用者と職員が一緒に生きながら全体が元気になっていく。

これはその昔、棕櫚亭の中で自然とつくられていったものである。だが、今はあえてこうした学習や実地を通して教えていくことが必要だ。自己覚知や傾聴といった専門用語の裏には、歴史的事実に根差したこうした哲学があることを知り、心身の感覚を通して体の根っこに染み込ませてほしい。とりあえずの病気の知識やかかわり方のノウハウをわかったようにため込まないでほしい。そんな願いを込めている。

→ 視点の転換を図る

昨日今日の**現場で起こっている直接の事象以外に目を向ける。**個々の出来事を歴史的な文脈に位置づけて理解することが重要だ。

もちろん、日々の大変さに誠実に向かい合うことが、持ち場を守る職

員にとって最も大切なことである。しかし、仕事をしていると、どうにもならないことやなぜそうなっているのか理解できないことが出てくる。ダメージを受けてそのことに沈み込まないためには、**起きている状況が何とどうつながっているかを論理的に考えて結びつける**ことが必要になる。精神医療の歴史や社会の動向、経済の推移などの事情に明るくなると、少し俯瞰して問題や置かれている状況が見えてくる。

何しろ世の中は知らないことばかりだ。多くの未知を既知にしてゆくことで個人も成長する。硬直しがちな福祉領域には、多様な視点と伸びやかさが必要だ。経験を伝えていくのは、そこに立ち会ってきた者の重要な役割である。

5 研修後フィードバック

→ 研修報告書の提出

研修後は毎回、研修報告書の提出を求めている。ただし、提出を義務にはしていない。書類作成がただのやらされ仕事になっては意味がないからである。**書くことは考えること**でもあるので、研修終了後は早めの提出が期待され、**職員が報告書を書きたいと思うような講師選びはリーダーの責任**となる。

与えられた知識や情報をふまえて、自分はどう考えるのかというところへ結びつくと、報告書を書きたくなるかもしれないし、何か言いたくなるかもしれない。そのような内容を職員に提供できる研修が理想だ。福祉業界の発想からの転換を狙って、ディズニーに学ぶ接客研修、原発

帰還地域見学など、一風変わった企画も取り入れている。

→ 研修後の自主企画化

研修後、職員の評判がよかったものは、そのまま自ら主催者となって講演会や勉強会などのイベントを企画する。よいものは自分たちだけで独占せずに皆で共有しようという姿勢であり、これも職員の意識改革につながる。誰でも出入りできる自由な空間での人間模様を取り上げた映画『さとにきたらええやん』などは、棕櫚亭の研修として行った後、地域の関係機関の職員たちと一緒に上映会を行った。

また、福島県帰還困難地域見学など、存在の根源に迫るような学習は、一人ひとりの職員のあり方を大きく変え、自主的な報告会や通信誌づくりにつながっている。

6 人事考課システム

→ 試行錯誤から到達

人事考課システムの導入は、棕櫚亭では長年の関門だった。人事考課は賃金体系とも連動し、大規模施設のやり方を導入すると危ない、福祉の現場にそぐわないのではないかとの理由から、何度も保留にしてきた。

しかし、粘り強い取り組みによって、人材育成的要素の強い人事考課システムを 2016 年に完成した。まず、労働法から社会的妥当性や見通しなどの手に余る問題を考慮して会計事務所に依頼しながら給与表を作

成した。それを練り上げ、慎重に検討を重ね、経営コンサルタントの研修も1年間じっくり受けて、ついに人材育成的要素を入れ込んだ人事考課表を作成した。

どうしても難しくなる労務管理は、福祉事業所にとって苦手な分野だが、職員の暮らし向きにかかわる最も重要な課題でもある。だからこそ、自分たちの組織に見合ったものを自らつくり上げたかったのだ。

→ 人材育成に直結する人事考課システム

詳細は控えるが、棕櫚亭の人事考課の特徴は、上述したように人材育成に直結していることである。棕櫚亭の文化や価値観に合わせた行動規範に則ること、今できていることやこの先改善することを職員本人と確認し合うことなど、人事考課表の内容それ自体が職員合意のものである。一人の成長をしっかり確認しながら半年に1回行う個人面接は、共通言語が中心となっているので満足度が高い。

導入した人事考課システムは、次世代のリーダーシップを強化し、数年後に組織内部からの新理事長決定という完全な世代交代を実現させた。

7 ▶ 創設者の覚悟と責任

→ 世代交代の難しさ

日本の中小企業は2025年にトップの平均年齢が75歳を超える。どこ

も後継者不足に悩み、多くの会社が合併や倒産の憂き目に遭っている。人手不足倒産は2018年に前年度比22%増で過去最高を更新したという。

　福祉業界も人事ではない。今、各地で起きているのが、世代交代ができないまま事業だけが膨らんでいるという福祉の組織の危うさである。創設者が理念と熱い思いで夢中になってつくり上げてきた組織も、10年20年を経過する間に、時代も職員構成も大きく変わり、小さな歪みが拡大してくる。離職が続いた時期を切り抜けたと思ったら、働き盛りのいない発展性のない組織に変わっていることもある。

　マルチ能力に長けた創設者のカリスマ性を引き継ぐ難しさから、強いといわれた組織でも気をつけないと人材は不足気味になる。次世代が引き継ぎたいと思う魅力的なものにまで組織を持ち上げ、経営も安定させて、それにふさわしい人材を育てた時期が引退時期といわれるが、そのタイミングを逃さずに世代交代するのは案外難しい。頼りないからとか、まだ未熟だからとか言っているうちに、その人がトップになるにふさわしいピークの時期を実は逃していたり、時間が経つと渡されるほうにも健康上の問題が出てきたり、あるいは離職や転職してしまったりして、予定どおりにいかないことのほうが多い。

→ 棕櫚亭において

　経験則から、**後継者は5年から10年の準備期間を設けて育て上げる**必要がある。棕櫚亭では、私が58歳の頃から意識して、次世代へリーダーとしての役割とその時期から担えるポスト（地位）を渡していった。徐々に自分の関与する場面を減らしていったが、一方で下の世代にとって組織を継ぐことは正直荷の重いものであり、意識面の成熟を待つ期間も必要だった。

しかも、障害者自立支援法の登場により私自身の現場関与が必要になったため、5年間の足踏み状態もあった。その過程で自分が担ってきたものを一人に担わせるのは負担が大きすぎるとわかり、引き継ぐ側が役割分担してチームで当たる体制が必要なことに気づいた。複数リーダー体制は引き継ぐ者にも安心感を与えたのだろう。この方法でリーダーたちは早くから人事権や雇用管理、収入確保など組織のさまざまな要所を得意分野に応じて担っていった。

理事長を誰にするのかは、最後に残った大きな課題だった。まだ40代前半の職員たちにとって、それは大きな負担であり、石川義博先生、羽藤邦利先生という過去に2代続いた理事長のように信頼できる精神科医を外部から呼ぶ意見もあったし、私が形だけ理事長を続ける案も根強かった。しかし、経営上の最高責任者としての関与が残れば、本当の意味での世代交代とはいえない。組織改革の流れとも矛盾する。

次世代が議論し考え抜いて、自分たちの中から理事長を決めようと決意したのは、さらに2年が過ぎてからだった。当初に予定していた私の65歳定年を67歳に延長し、2016年の6期目就任時に理事長交代を決定した。それでも、他法人ではまだ世代交代が始まっていなかったので、周囲には驚かれた。そこへ至る積み重ねから実質的な準備はできていたので、その後は順調に進んだ。道筋が見えてきたときは、心からほっとしたものである。

→ 次世代へ

福祉の組織団体が地域に必要とされながら社会性や継続性をどう発展させていくかは、その組織の力量にかかっている。

世代交代が順調に果たされれば、見えない財産も引き継ぎやすい。法

人名や地域での存在感に依拠した活動は、比較的展開しやすく集客もしやすいものだ。それを利用すれば一から始める必要はないし、私たち創設世代が苦労した遠回りを行う必要もない。

　福祉分野は、本業の福祉サービスだけを行っていると、地域からかけ離れた特殊な存在になりやすい。一般の市民から「あそこは福祉だから特別よ」と見られていることもある。しかし、実際には**精神保健医療福祉にかかわる問題は、今や地域に広がり過ぎるくらい広がっている。**

　そのような意味で、新しい世代が運営する福祉組織は、これまで行ってきた福祉サービスに加えて、さらに多様なニーズへの対応が求められる可能性がある。

　人材も技術もあるのだから、さらに地域に期待され、役に立つ存在になる予感がする。育ててきた次世代の職員たちが活躍する舞台はたくさんある。

エピローグ
〜まとめにかえて

　2013年から始まった障害者雇用促進法の相次ぐ改正で、就職者数という数の亡霊が就労支援のなかに入り込んだ。それはアメーバのように広がり、数合わせに雇っただけの会社とすぐ離職する精神障害者という新たな問題を引き起こしている。

　精神障害があっても企業で働けるという法律の後押しが出てきたのは奇跡のような事実だから、私たち棕櫚亭は、失敗しないで着実に働ける人を増やすという地道な就労支援を続けてきた。できなかったことは多々あるけれど、時代の流れに微妙に沿いながら確実に就労を促し、彼らを「普通の暮らし最前線」に乗せることが答えの一つと思いたかった。

　一本道ではなかったその足跡を振り返ったのが本書である。正直なところ、統合失調症がここまでよくなるというのは、本格的に就労支援に取り組んだからわかったことだ。この病気特有の対人関係の難しさと揺れやすさは、私たち自身を用心深くしているので、これ以上は無理、再発防止が大事だからと、時には限界設定もする。

　しかし、人はやはり、働き続け社会に揉まれながら強くなってゆくのだろう。障害者雇用と支援者の後押しを受けて、背後に当事者のグループがあれば万全だ。安定感と自信をもって働き続けた後に、彼らは頻回にシンポジウムや講演会に出席する。「これも新しい生きがいだ。やり続けたい」と言う人がずいぶん増えた。発病時の苦しさ、つらさや絶望感、ひきこもってしまったときの憂鬱、家族や恋人、友人たちとの葛藤、そして働き続けるコツや苦労話など、これから続く人たちに話してゆく。

　心底消耗したところから蘇った彼らの言葉は深く、語彙も豊富だから、聴く者の心を揺さぶって影響を与える。ここでもしっかりバトンが手渡されているから、同じようにチャレンジしたいという人が毎年棕櫚亭にやってくる。こうした当事者の出現は、時に無力感に沈みそうな私たち

を水面上に引き上げてくれる。

　ひるがえって、それなら精神障害者にとって生きやすい社会は出現しただろうか。40年前にあった悲惨な精神病院は幻として消え、近代化されたサナトリウムのような場所でゆったり治療している患者ばかりになっただろうか。残念ながら、否である。

　たしかに、大きく様変わりした病院は見られるようになった。しかし、昔と少しも変わらない収容所のような環境で、入院したままの人もたくさんいる。身体拘束は当たり前といわれているし、人権侵害が変わらないから入院だけはしたくないという人は相変わらず多い。今、精神科病院は老人病棟をつくり、認知症治療という新たなビジネスで経営を拡大もしている。それでは、私たちの共同作業所運動や社会復帰活動は何もならなかったのかと、返す刀は自分にも向けられる。

　精神障害の上に覆い被さってきた高齢化の問題も大きい。近所のスーパーでばったり出合って、親の片方や兄弟姉妹がまだ入院している、親も本人も大病しながら暮らしているなどを耳にする。元気で通所している利用者も50代60代になっているから、親の年齢は80代、親亡き後の不安が重くのしかかる。

　「精神障害者のしあわせ実現」という視点で物事を考えてきた私が現役を退き、少し引いて社会をとらえて感じたのは、街も人もこんなに違ってきたのかということだった。

　街の中では元気な60代が目を惹くが、それ以上の年齢層もとにかく多い。認知症など介護の問題に直面している家族がたくさんいる。ワンオペ育児や保育園待機の深刻な問題を抱えながら、周りに迷惑をかけてはいけないと神経質になった親たちの不安も広がっている。非正規雇用

者の生活苦は相当なもので、働いてすり減るばかりの若者は、中年になったひきこもりとともに膨大なうつ病予備軍と化している。そのような病気や障害の枠に収まらないものが広く日常を覆っていて、その渦が日々膨らんでいる。

　そんな状況下で他者への容赦ない批判精神が育ち、冷たい自己責任論がまかり通る。「なぜ、あの人たち(障害者)ばかりが手厚くされてるんだ」「怠けてるんじゃないか」など、本来は政策の改善や社会改革に吸収されて発信されるべきものが、身近な人への個人攻撃や中傷として表出している。やっと働き始めた職場でパートの職員に、「障害者雇用でいいね、あなたのおかげで仕事を減らされた」と恨みをぶつけられた障害者もいる。たぶん、その人の生活も環境も過酷なものだろうと思うとやるせない。

　これらの問題の根っこは皆同じところにありながら、どうにもならない動かし難さを持っている。過剰な競争原理が生み出した格差拡大は、少子高齢化や経済問題も絡ませて、それぞれの課題に解決不能のシールを裏地に貼りつかせているかのようだ。私たちが長年悩んできた精神医療や福祉の改革も、近代化とともに社会がつくり出した諸問題に結びついているから、そもそも一つの世代で解決できることではなかったのかもしれない。

　だとすると、こう考えればよいだろうか。ここまでしか来れなかったこと、解決できなかったことは仕方がない。でも、熱い思いを込めて必死でやってきた一人ひとりの行為は、何一つ無駄ではない。「いつかきっと……」の「いつか」は、もう少し長いスパンで考えてゆこう。社会は今までの枠組みでは考えられなかったことが連続する時代に入っている。もしかしたら、こちらが着々と実践のバトンを渡していくうちに、

絶対動かないと思っていたものが動き出す日がやって来る……。きっと来る。

　そんな思いで周りをよく見渡せば、また違う景色が見えてくる。給料は高くないのに、炎天下でも自転車で街を飛び回るヘルパーさん、貧しい子どもたちに食事や学習の場を提供する食堂、外国籍の子に日本語を教えるボランティア、地域の高齢者を見守るリタイア組、サロンやカフェなど居場所づくりを愉しむグループ。地域に広がるNPOや団体は驚くほど多い。誰もが大変な暮らしを背負っているから、みんなで支え合おう、生きる知恵を共有しよう、そして伝えようというお互い様精神は、案外巷にあふれているのだ。

　まだまだ捨てたもんじゃない。これらの実践ときちんとした公助が組み合わされば、みんなが生きやすくなる。この思いと今まで積み上げてきた活動をつなぎ合わせていけば、温かく人を育てるコミュニティの復活だってある。

　　ごめんね。私はここまでだった。
　　それでも、必死に人を育ててきた。
　　これまでの活動とその記憶は、次の世代が受け取っている。
　　また次の人たちにつなげてくれるだろう。
　　そうした地味だけれど連綿と続く営為が
　　「いつか…」歴史を変え、動かしてゆく。

まもなく古希を迎える日に

　　　　　　　　　　　　　　　　　　　　　　　　　　　天野聖子

著者紹介

著者代表

天野聖子　あまの・せいこ

元社会福祉法人多摩棕櫚亭協会理事長、現アドバイザー
執筆：第2部・第3部

　1949年うまれ。大学卒業後、精神科病院のケースワーカーとして3か所の病院に勤務し、病棟開放運動にも身を置く。1987年、友人とともに共同作業所の棕櫚亭を設立。「明るく元気に美しく！」をスローガンに順次3か所の作業所を立ち上げ、1996年に社会福祉法人多摩棕櫚亭協会を設立。2006年、障害者自立支援法施行に伴い事業を再編、同年に障害者就業・生活支援センターを受託し、精神障害者の就労支援・生活支援の体制づくりを進める。2016年に法人理事長を退任し、その後は法人の職員研修にアドバイザーとして携わる。多摩棕櫚亭協会の理念は「精神障害者の幸せ実現」。

著者

小林由美子　こばやし・ゆみこ

社会福祉法人多摩棕櫚亭協会　理事長
執筆：第1部第2節

高橋しのぶ　たかはし・しのぶ

社会福祉法人多摩棕櫚亭協会　常務理事
執筆：第1部第1節1、2、3、4、5、8

荒木　浩　あらき・ひろし

社会福祉法人多摩棕櫚亭協会　理事
執筆：第1部第1節6、7、9

精神障害のある人の就労定着支援

当事者の希望からうまれた技法

2019 年 5 月 28 日　初版第 1 刷発行

著　者	天野聖子
編著者	多摩棕櫚亭協会
発行者	荘村明彦
発行所	中央法規出版株式会社

〒110-0016　東京都台東区台東 3-29-1　中央法規ビル
営　　業　TEL 03-3834-5817　FAX 03-3837-8037
書店窓口　TEL 03-3834-5815　FAX 03-3837-8035
編　　集　TEL 03-3834-5812　FAX 03-3837-8032
https://www.chuohoki.co.jp/

本文デザイン・DTP	北田英梨（ジャパンマテリアル）
カバーデザイン・写真	宮良当明（アーガイルデザイン）
印刷・製本	株式会社日本制作センター

定価はカバーに表示してあります。
ISBN978-4-8058-5892-9

本書のコピー、スキャン、デジタル化等の無断複製は、著作権法上での例外を除き
禁じられています。また、本書を代行業者等の第三者に依頼してコピー、スキャン、
デジタル化することは、たとえ個人や家庭内での利用であっても著作権法違反です。
落丁本・乱丁本はお取替えいたします。